Suhrkamp BasisBibliothek 13

Diese Ausgabe der »Suhrkamp BasisBibliothek – Arbeitstexte für Schule und Studium« bietet Franz Kafkas berühmte Erzählung *Die Verwandlung* zusammen mit einem Kommentar, der alle für das Verständnis dieses Werks erforderlichen Informationen enthält: die Entstehungs- und Textgeschichte, einen kommentierten Forschungsüberblick, Literaturhinweise sowie ausführliche Wort- und Sacherläuterungen. Der Kommentar ist entsprechend den neuen Rechtschreibregeln verfasst.

»Heribert Kuhns Kommentar bietet einen überaus spannenden Zugang zu Kafkas berühmter Erzählung.« *Literatur in Wissenschaft und Unterricht.*

»*Die Verwandlung* gibt es jetzt in einer gut kommentierten Ausgabe. Unmittelbare Worterklärungen und Verständnishilfen sind gleich in der Randspalte des Textes abgedruckt. Es folgt ein Kommentarteil, der die autobiografischen Zusammenhänge erläutert, Entstehungs- und Textgeschichte darstellt und Deutungsansätze unternimmt ... Es bleibt kaum eine Frage offen.« *Frankfurter Neue Presse*

Heribert Kuhn, geboren 1953, ist freier Publizist. Veröffentlichungen u. a. zu Theodor Storm (SBB 9), Franz Kafka (SBB 18), Max Frisch (SBB 24) und Hermann Hesse (SBB 2, SBB 12, SBB 16, SBB 34, SBB 40).

Franz Kafka
Die Verwandlung

Mit einem Kommentar
von Heribert Kuhn

Suhrkamp

Die Verwandlung erschien in *Die weißen Blätter. Eine Monatsschrift.* Herausgegeben von René Schickele, 2. Jg., 10. Heft (Oktober) 1915. Leipzig: Verlag der weißen Blätter. – Erste Buchausgabe: *Die Verwandlung.* Leipzig: Kurt Wolff (= *Der jüngste Tag.* Bd. 22/23) 1915. Der vorliegende Text folgt der so genannten Dritten Ausgabe: Franz Kafka, *Gesammelte Werke.* Herausgegeben von Max Brod. *Erzählungen.* S. Fischer Verlag. Lizenzausgabe von Schocken Books, New York, 1951.

12. Auflage 2013

Erste Auflage 1999
Suhrkamp BasisBibliothek 13
Originalausgabe

Satz: pagina GmbH, Tübingen
Druck: CPI – Ebner & Spiegel, Ulm
Umschlaggestaltung: Hermann Michels und Regina Göllner
Printed in Germany
ISBN 978-3-518-18813-2

Inhalt

Die Verwandlung

I

⌜Als ⌜Gregor Samsa⌝ eines Morgens aus unruhigen Träumen erwachte, fand er sich in seinem ⌜Bett⌝ zu einem ungeheueren Ungeziefer verwandelt.⌝ Er lag auf seinem panzerartig harten Rücken und sah, wenn er den Kopf ein wenig hob, seinen gewölbten, braunen, von bogenförmigen Versteifungen geteilten Bauch, auf dessen Höhe sich die Bettdecke, zum gänzlichen Niedergleiten bereit, kaum noch erhalten konnte. Seine vielen, im Vergleich zu seinem sonstigen Umfang kläglich dünnen Beine flimmerten ihm hilflos vor den Augen.

›Was ist mit mir geschehen?‹ dachte er. Es war kein Traum. Sein Zimmer, ein richtiges, nur etwas zu kleines Menschenzimmer, lag ruhig zwischen den vier wohlbekannten Wänden. Über dem Tisch, auf dem eine auseinandergepackte Musterkollektion von Tuchwaren ausgebreitet war – Samsa war Reisender* –, hing das ⌜Bild, das er vor kurzem aus einer illustrierten Zeitschrift ausgeschnitten und in einem hübschen, vergoldeten Rahmen untergebracht hatte. Es stellte eine Dame dar, die, mit einem Pelzhut und einer Pelzboa* versehen, aufrecht dasaß und einen schweren Pelzmuff*, in dem ihr ganzer Unterarm verschwunden war, dem Beschauer entgegenhob.⌝

Handelsvertreter

Loser, capeartiger Pelzkragen

Zylinderförmige Pelzhülle zum Schutz der Hände vor Kälte

Gregors Blick richtete sich dann zum Fenster, und das trübe Wetter – man hörte Regentropfen auf das Fensterblech aufschlagen – machte ihn ganz melancholisch. ›Wie wäre es, wenn ich noch ein wenig weiterschliefe, und alle Narrheiten vergäße‹, dachte er, aber das war gänzlich undurchführbar, denn er war gewöhnt, auf der rechten Seite zu schlafen, konnte sich aber in seinem gegenwärtigen Zustand nicht in diese Lage bringen. Mit welcher Kraft er sich auch auf die rechte Seite warf, ⌜immer wieder schaukelte er in die Rückenlage zurück⌝. Er versuchte es wohl hundertmal, schloß die Augen, um die zappelnden Beine nicht sehen zu müssen, und ließ erst ab, als er in der Seite einen noch nie gefühlten, leichten, dumpfen Schmerz zu fühlen begann.

›Ach Gott‹, dachte er, ›was für einen anstrengenden Beruf habe ich gewählt! Tagaus, tagein auf der Reise. Die geschäftlichen Aufregungen sind viel größer, als im eigentlichen Geschäft zu Hause, und außerdem ist mir noch diese Plage des Reisens auferlegt, die Sorgen um die Zuganschlüsse, das unregelmäßige, schlechte Essen, ein immer wechselnder, nie andauernder, nie herzlich werdender menschlicher Verkehr. Der Teufel soll das alles holen!‹ Er fühlte ein leichtes Jucken oben auf dem Bauch; schob sich auf dem Rücken langsam näher zum Bettpfosten, um den Kopf besser heben zu können; fand die juckende Stelle, die mit lauter kleinen weißen Pünktchen besetzt war, die er nicht zu beurteilen verstand; und wollte mit einem Bein die Stelle betasten, zog es aber gleich zurück, denn bei der Berührung umwehten ihn Kälteschauer.

Er glitt wieder in seine frühere Lage zurück. ›Dies frühzeitige Aufstehen‹, dachte er, ›macht einen ganz blödsinnig. Der Mensch muß seinen Schlaf haben. Andere Reisende leben wie Haremsfrauen*. Wenn ich zum Beispiel im Laufe des Vormittags ins Gasthaus zurückgehe, um die erlangten Aufträge zu überschreiben, sitzen diese Herren erst beim Frühstück. Das sollte ich bei meinem Chef versuchen; ich würde auf der Stelle hinausfliegen.

Im Sinne eines Inbegriffs für Wohlleben und die Möglichkeit der Berücksichtigung körperlicher Bedürfnisse gebraucht

Wer weiß übrigens, ob das nicht sehr gut für mich wäre. Wenn ich mich nicht wegen meiner Eltern zurückhielte, ich hätte längst gekündigt, ich wäre vor den Chef hingetreten und hätte ihm meine Meinung von Grund des Herzens aus gesagt. Vom Pult hätte er fallen müssen! Es ist auch eine sonderbare Art, sich auf das Pult zu setzen und von der Höhe herab mit dem Angestellten zu reden, der überdies wegen der Schwerhörigkeit des Chefs ganz nahe herantreten muß. Nun, die Hoffnung ist noch nicht gänzlich aufgegeben; habe ich einmal das Geld beisammen, um die Schuld der Eltern an ihn abzuzahlen – es dürfte noch fünf bis sechs Jahre dauern –, mache ich die Sache unbedingt. Dann wird der große Schnitt gemacht. Vorläufig allerdings muß ich aufstehen, denn mein Zug fährt um fünf.‹

Und er sah zur Weckuhr hinüber, die auf dem Kasten* tickte. ›Himmlischer Vater!‹ dachte er. Es war halb sieben Uhr, und die Zeiger gingen ruhig vorwärts, es war sogar halb vorüber, es näherte sich schon drei Viertel*. Sollte der Wekker nicht geläutet haben? Man sah vom Bett aus, daß er auf vier Uhr richtig eingestellt war; gewiß hatte er auch geläutet. Ja, aber war es möglich, dieses möbelerschütternde Läuten ruhig zu verschlafen? Nun, ruhig hatte er ja nicht geschlafen, aber wahrscheinlich desto fester. Was aber sollte er jetzt tun? Der nächste Zug ging um sieben Uhr; um den einzuholen, hätte er sich unsinnig beeilen müssen, und die Kollektion war noch nicht eingepackt, und er selbst fühlte sich durchaus nicht besonders frisch und beweglich. Und selbst wenn er den Zug einholte, ein Donnerwetter des Chefs war nicht zu vermeiden, denn der Geschäftsdiener hatte beim Fünfuhrzug gewartet und die Meldung von seiner Versäumnis längst erstattet. Er war eine Kreatur des Chefs, ohne Rückgrat und Verstand. Wie nun, wenn er sich krank meldete? Das wäre aber äußerst peinlich und verdächtig, denn Gregor war während seines fünfjährigen Dienstes noch nicht einmal krank gewesen. Gewiß würde der Chef mit dem Krankenkassenarzt kommen, würde den Eltern wegen des faulen Sohnes Vorwürfe machen und alle Einwände durch den Hinweis auf den Krankenkassenarzt abschneiden, für den es ja überhaupt nur ganz gesunde, aber arbeitsscheue Menschen gibt. Und hätte er übrigens in diesem Falle so ganz unrecht? Gregor fühlte sich tatsächlich, abgesehen von einer nach dem langen Schlaf wirklich überflüssigen Schläfrigkeit, ganz wohl und hatte sogar ei-

Österr. für (Kleider-) Schrank

Süddt. / österr. für: ein Viertel vor (sieben Uhr)

nen besonders kräftigen Hunger. Als er dies alles in größter Eile überlegte, ohne sich entschließen zu können, das Bett zu verlassen – gerade schlug der Wecker drei Viertel sieben –, klopfte es vorsichtig an die Tür am Kopfende seines Bettes. »Gregor«, rief es – es war die Mutter –, »es ist drei Viertel sieben. Wolltest du nicht wegfahren?« Die sanfte Stimme! Gregor erschrak, als er seine antwortende Stimme hörte, die wohl unverkennbar seine frühere war, in die sich aber, wie von unten her, ein nicht zu unterdrückendes, schmerzliches Piepsen mischte, das die Worte förmlich nur im ersten Augenblick in ihrer Deutlichkeit beließ, um sie im Nachklang derart zu zerstören, daß man nicht wußte, ob man recht gehört hatte. Gregor hatte ausführlich antworten und alles erklären wollen, beschränkte sich aber bei diesen Umständen darauf, zu sagen »Ja, ja, danke Mutter, ich stehe schon auf.« Infolge der Holztür war die Veränderung in Gregors Stimme draußen wohl nicht zu merken, denn die Mutter beruhigte sich mit dieser Erklärung und schlürfte* davon. Aber durch das kleine Gespräch waren die anderen Familienmitglieder darauf aufmerksam geworden, daß Gregor wider Erwarten noch zu Hause war, und schon klopfte an der einen Seitentür der Vater, schwach, aber mit der Faust. »Gregor, Gregor«, rief er, »was ist denn?« Und nach einer kleinen Weile mahnte er nochmals mit tieferer Stimme »Gregor! Gregor!« ⌜An der anderen Seitentür aber klagte leise die Schwester⌝: »Gregor? Ist dir nicht wohl? Brauchst du etwas?« Nach beiden Seiten hin antwortete Gregor: »Bin schon fertig«, und bemühte sich, durch die sorgfältigste Aussprache und durch Einschaltung von langen Pausen zwischen den einzelnen Worten seiner Stimme alles Auffallende zu nehmen. Der Vater kehrte auch zu seinem Frühstück zurück, die Schwester aber flüsterte: »Gregor, mach auf, ich beschwöre dich.« Gregor aber dachte gar nicht daran aufzumachen, sondern lobte die vom Reisen her übernommene Vorsicht,

schlurfte

auch zu Hause alle Türen während der Nacht zu versperren.

Zunächst wollte er ruhig und ungestört aufstehen, sich anziehen und vor allem frühstücken, und dann erst das Weitere überlegen, denn, das merkte er wohl, im Bett würde er mit dem Nachdenken zu keinem vernünftigen Ende kommen. Er erinnerte sich, schon öfters im Bett irgendeinen vielleicht durch ungeschicktes Liegen erzeugten, leichten Schmerz empfunden zu haben, der sich dann beim Aufstehen als reine Einbildung herausstellte, und er war gespannt, wie sich seine heutigen Vorstellungen allmählich auflösen würden. Daß die Veränderung der Stimme nichts anderes war als der Vorbote einer tüchtigen Verkühlung, einer Berufskrankheit der Reisenden, daran zweifelte er nicht im geringsten. Die Decke abzuwerfen war ganz einfach; er brauchte sich nur ein wenig aufzublasen, und sie fiel von selbst. Aber weiterhin wurde es schwierig, besonders weil er so ungemein breit war. Er hätte Arme und Hände gebraucht, um sich aufzurichten; statt dessen aber hatte er nur die vielen Beinchen, die ununterbrochen in der verschiedensten Bewegung waren und die er überdies nicht beherrschen konnte. Wollte er eines einmal einknicken, so war es das erste, daß es sich streckte; und gelang es ihm endlich, mit diesem Bein das auszuführen, was er wollte, so arbeiteten inzwischen alle anderen, wie freigelassen, in höchster, schmerzlicher Aufregung. ›Nur sich nicht im Bett unnütz aufhalten‹, sagte sich Gregor.

Zuerst wollte er mit dem unteren Teil seines Körpers aus dem Bett hinauskommen, aber dieser untere Teil, den er übrigens noch nicht gesehen hatte und von dem er sich auch keine rechte Vorstellung machen konnte, erwies sich als zu schwer beweglich; es ging so langsam; und als er schließlich, fast wild geworden, mit gesammelter Kraft, ohne Rücksicht sich vorwärtsstieß, hatte er die Richtung falsch gewählt, schlug an den unteren Bettpfosten heftig an, und der brennende Schmerz, den er empfand, belehrte ihn, daß gerade der untere Teil seines Körpers augenblicklich vielleicht der empfindlichste war.

Er versuchte es daher, zuerst den Oberkörper aus dem Bett zu bekommen, und drehte vorsichtig den Kopf dem Bettrand zu. Dies gelang auch leicht, und trotz ihrer Breite und Schwere folgte schließlich die Körpermasse langsam der Wendung des Kopfes. Aber als er den Kopf endlich außerhalb des Bettes in der freien Luft hielt, bekam er Angst, weiter auf diese Weise vorzurücken, denn wenn er sich schließlich so fallen ließ, mußte geradezu ein Wunder geschehen, wenn der Kopf nicht verletzt werden sollte. Und die Besinnung durfte er gerade jetzt um keinen Preis verlieren; lieber wollte er im Bett bleiben.

Aber als er wieder nach gleicher Mühe aufseufzend so dalag wie früher, und wieder seine Beinchen womöglich noch ärger gegeneinander kämpfen sah und keine Möglichkeit fand, in diese Willkür Ruhe und Ordnung zu bringen, sagte er sich wieder, daß er unmöglich im Bett bleiben könne und daß es das Vernünftigste sei, alles zu opfern, wenn auch nur die kleinste Hoffnung bestünde, sich dadurch vom Bett zu befreien. Gleichzeitig aber vergaß er nicht, sich zwischendurch daran zu erinnern, daß viel besser als verzweifelte Entschlüsse ruhige und ruhigste Überlegung sei. In solchen Augenblicken richtete er die Augen möglichst scharf auf das Fenster, aber leider war aus dem Anblick des Morgennebels, der sogar die andere Seite der engen Straße verhüllte, wenig Zuversicht und Munterkeit zu holen. ›Schon sieben Uhr‹, sagte er sich beim neuerlichen Schlagen des Weckers, ›schon sieben Uhr und noch immer ein solcher Nebel.‹ Und ein Weilchen lang lag er ruhig mit schwachem Atem, als erwarte er vielleicht von der völligen Stille die Wiederkehr der wirklichen und selbstverständlichen Verhältnisse.

Dann aber sagte er sich: ›Ehe es ein Viertel acht schlägt,

muß ich unbedingt das Bett vollständig verlassen haben. Im übrigen wird auch bis dahin jemand aus dem Geschäft kommen, um nach mir zu fragen, denn das Geschäft wird vor sieben Uhr geöffnet.‹ Und er machte sich nun daran, den Körper in seiner ganzen Länge vollständig gleichmäßig aus dem Bett hinauszuschaukeln. Wenn er sich auf diese Weise aus dem Bett fallen ließ, blieb der Kopf, den er beim Fall scharf heben wollte, voraussichtlich unverletzt. Der Rücken schien hart zu sein; dem würde wohl bei dem Fall auf den Teppich nichts geschehen. Das größte Bedenken machte ihm die Rücksicht auf den lauten Krach, den es geben müßte und der wahrscheinlich hinter allen Türen wenn nicht Schrecken, so doch Besorgnisse erregen würde. Das mußte aber gewagt werden.

Als Gregor schon zur Hälfte aus dem Bett ragte – die neue Methode war mehr ein Spiel als eine Anstrengung, er brauchte immer nur ruckweise zu schaukeln –, fiel ihm ein, wie einfach alles wäre, wenn man ihm zu Hilfe käme. Zwei starke Leute – er dachte an seinen Vater und das Dienstmädchen – hätten vollständig genügt; sie hätten ihre Arme nur unter seinen gewölbten Rücken schieben, ihn so aus dem Bett schälen, sich mit der Last niederbeugen und dann bloß vorsichtig dulden müssen, daß er den Überschwung auf dem Fußboden vollzog, wo dann die Beinchen hoffentlich einen Sinn bekommen würden. Nun, ganz abgesehen davon, daß die Türen versperrt waren, hätte er wirklich um Hilfe rufen sollen? Trotz aller Not konnte er bei diesem Gedanken ein Lächeln nicht unterdrücken.

Schon war er so weit, daß er bei stärkerem Schaukeln kaum das Gleichgewicht noch erhielt, und sehr bald mußte er sich nun endgültig entscheiden, denn es war in fünf Minuten ein Viertel acht*, – als es an der Wohnungstür läutete. ›Das ist jemand aus dem Geschäft‹, sagte er sich und erstarrte fast, während seine Beinchen nur desto eiliger tanzten. Einen Augenblick blieb alles still. ›Sie öffnen

Südd. / österr. für: ein Viertel nach sieben

nicht‹, sagte sich Gregor, befangen in irgendeiner unsinnigen Hoffnung. Aber dann ging natürlich wie immer das Dienstmädchen festen Schrittes zur Tür und öffnete. Gregor brauchte nur das erste Grußwort des Besuchers ⌜zu hören und wußte schon, wer es war⌝ – der Prokurist* selbst. Warum war nur Gregor dazu verurteilt, bei einer Firma zu dienen, wo man bei der kleinsten Versäumnis gleich den größten Verdacht faßte? Waren denn alle Angestellten samt und sonders Lumpen, gab es denn unter ihnen keinen treuen, ergebenen Menschen, der, wenn er auch nur ein paar Morgenstunden für das Geschäft nicht ausgenützt hatte, vor Gewissensbissen närrisch wurde und geradezu nicht imstande war, das Bett zu verlassen? Genügte es wirklich nicht, einen Lehrjungen nachfragen zu lassen – wenn überhaupt diese Fragerei nötig war –, mußte da der Prokurist selbst kommen, und mußte dadurch der ganzen unschuldigen Familie gezeigt werden, daß die Untersuchung dieser verdächtigen Angelegenheit nur dem Verstand des Prokuristen anvertraut werden konnte? Und mehr infolge der Erregung, in welche Gregor durch diese Überlegungen versetzt wurde, als infolge eines richtigen Entschlusses, schwang er sich mit aller Macht aus dem Bett. Es gab einen lauten Schlag, aber ein eigentlicher Krach war es nicht. Ein wenig wurde der Fall durch den Teppich abgeschwächt, auch war der Rücken elastischer, als Gregor gedacht hatte, daher kam der nicht gar so auffallende dumpfe Klang. Nur den Kopf hatte er nicht vorsichtig genug gehalten und ihn angeschlagen; er drehte ihn und rieb ihn an dem Teppich vor Ärger und Schmerz.

»Da drin ist etwas gefallen«, sagte der Prokurist im Nebenzimmer links. Gregor suchte sich vorzustellen, ob nicht auch einmal dem Prokuristen was Ähnliches passieren könnte, wie heute ihm; die Möglichkeit dessen mußte man doch eigentlich zugeben. Aber wie zur rohen Antwort auf diese Frage machte jetzt der Prokurist im Nebenzimmer ein

Mit besonderer geschäftlicher Befugnis (»Prokura«) ausgestatteter Vertreter einer Firma paar bestimmte Schritte und ließ seine Lackstiefel knarren. Aus dem Nebenzimmer rechts flüsterte die Schwester, um Gregor zu verständigen: »Gregor, der Prokurist ist da.« »Ich weiß«, sagte Gregor vor sich hin; aber so laut, daß es die Schwester hätte hören können, wagte er die Stimme nicht zu erheben.

»Gregor«, sagte nun der Vater aus dem Nebenzimmer links, »der Herr Prokurist ist gekommen und erkundigt sich, warum du nicht mit dem Frühzug weggefahren bist. Wir wissen nicht, was wir ihm sagen sollen. Übrigens will er auch mit dir persönlich sprechen. Also bitte mach die Tür auf. Er wird die Unordnung im Zimmer zu entschuldigen schon die Güte haben.« »Guten Morgen, Herr Samsa«, rief der Prokurist freundlich dazwischen. »Ihm ist nicht wohl«, sagte die Mutter zum Prokuristen, während der Vater noch an der Tür redete, »ihm ist nicht wohl, glauben Sie mir, Herr Prokurist. Wie würde denn Gregor sonst einen Zug versäumen! Der Junge hat ja nichts im Kopf als das Geschäft. Ich ärgere mich schon fast, daß er abends niemals ausgeht; jetzt war er doch acht Tage in der Stadt, aber jeden Abend war er zu Hause. Da sitzt er bei uns am Tisch und liest still die Zeitung oder studiert Fahrpläne. Es ist schon eine Zerstreuung für ihn, wenn er sich mit Laubsägearbeiten beschäftigt. Da hat er zum Beispiel im Laufe von zwei, drei Abenden einen kleinen Rahmen geschnitzt; Sie werden staunen, wie hübsch er ist; er hängt drin im Zimmer; Sie werden ihn gleich sehen, bis* Gregor aufmacht. Ich bin übrigens glücklich, daß Sie da sind, Herr Prokurist; wir allein hätten Gregor nicht dazu gebracht, die Tür zu öffnen; er ist so hartnäckig; und bestimmt ist ihm nicht wohl, trotzdem er es am Morgen geleugnet hat.« ⌜»Ich komme gleich«, sagte Gregor langsam und bedächtig⌝ und rührte sich nicht, um kein Wort der Gespräche zu verlieren. »Anders, gnädige Frau, kann ich es mir auch nicht erklären«, sagte der Prokurist, »hoffentlich ist es

Spezifisch Prager Ersetzung von »wenn« in temporaler Bedeutung nichts Ernstes. Wenn ich auch andererseits sagen muß, daß wir Geschäftsleute – wie man will, leider oder glücklicherweise – ein leichtes Unwohlsein sehr oft aus geschäftlichen Rücksichten einfach überwinden müssen.« »Also kann der Herr Prokurist schon zu dir hinein?« fragte der ungeduldige Vater und klopfte wiederum an die Tür. ⌜»Nein«, sagte Gregor. Im Nebenzimmer links trat eine peinliche Stille ein, im Nebenzimmer rechts begann die Schwester zu schluchzen.⌝

Warum ging die Schwester nicht zu den anderen? Sie war wohl erst jetzt aus dem Bett aufgestanden und hatte noch gar nicht angefangen sich anzuziehen. Und warum weinte sie denn? Weil er nicht aufstand und den Prokuristen nicht hereinließ, weil er in Gefahr war, den Posten zu verlieren, und weil dann der Chef die Eltern mit den alten Forderungen wieder verfolgen würde? Das waren doch vorläufig wohl unnötige Sorgen. Noch war Gregor hier und dachte nicht im geringsten daran, seine Familie zu verlassen. Augenblicklich lag er wohl da auf dem Teppich, und niemand, der seinen Zustand gekannt hätte, hätte im Ernst von ihm verlangt, daß er den Prokuristen hereinlasse. Aber wegen dieser kleinen Unhöflichkeit, für die sich ja später leicht eine passende Ausrede finden würde, konnte Gregor doch nicht gut sofort weggeschickt werden. Und Gregor schien es, daß es viel vernünftiger wäre, ihn jetzt in Ruhe zu lassen, statt ihn mit Weinen und Zureden zu stören. Aber es war eben die Ungewißheit, welche die anderen bedrängte und ihr Benehmen entschuldigte.

»Herr Samsa«, rief nun der Prokurist mit erhobener Stimme, »was ist denn los? Sie verbarrikadieren sich da in Ihrem Zimmer, antworten bloß mit Ja und Nein, machen Ihren Eltern schwere, unnötige Sorgen und versäumen – dies nur nebenbei erwähnt – Ihre geschäftlichen Pflichten in einer eigentlich unerhörten Weise. Ich spreche hier im Namen Ihrer Eltern und Ihres Chefs und bitte Sie ganz ernsthaft um eine augenblickliche, deutliche Erklärung. Ich staune, ich staune. Ich glaubte Sie als einen ruhigen, vernünftigen Menschen zu kennen, und nun scheinen Sie plötzlich anfangen zu wollen, mit sonderbaren Launen zu paradieren*. Der Chef deutete mir zwar heute früh eine mögliche Erklärung für Ihre Versäumnis an – sie betraf das Ihnen seit kurzem anvertraute Inkasso* –, aber ich legte wahrhaftig fast mein Ehrenwort dafür ein, daß diese Erklärung nicht zutreffen könne. Nun aber sehe ich hier Ihren unbegreiflichen Starrsinn und verliere ganz und gar jede Lust, mich auch nur im geringsten für Sie einzusetzen. Und Ihre Stellung ist durchaus nicht die festeste. Ich hatte ursprünglich die Absicht, Ihnen das alles unter vier Augen zu sagen, aber da Sie mich hier nutzlos meine Zeit versäumen lassen, weiß ich nicht, warum es nicht auch Ihre Herren Eltern erfahren sollen. Ihre Leistungen in der letzten Zeit waren also sehr unbefriedigend; es ist zwar nicht die Jahreszeit, um besondere Geschäfte zu machen, das erkennen wir an; aber eine Jahreszeit, um keine Geschäfte zu machen, gibt es überhaupt nicht, Herr Samsa, darf es nicht geben.« ⌜»Aber Herr Prokurist«, rief Gregor außer sich und vergaß in der Aufregung alles andere⌝, »ich mache ja sofort, augenblicklich auf. Ein leichtes Unwohlsein, ein Schwindelanfall, haben mich verhindert aufzustehen. Ich liege noch jetzt im Bett. Jetzt bin ich aber schon wieder ganz frisch. Eben steige ich aus dem Bett. Nur einen kleinen Augenblick Geduld! Es geht noch nicht so gut, wie ich dachte. Es ist mir aber schon wohl. Wie das nur einen Menschen so überfallen kann! Noch gestern abend war mir ganz gut, meine Eltern wissen es ja, oder besser, schon gestern abend hatte ich eine kleine Vorahnung. Man hätte es mir ansehen müssen. Warum habe ich es nur im Geschäft nicht gemeldet! Aber man denkt eben immer, daß man die Krankheit ohne Zuhausebleiben überstehen wird. Herr Prokurist! Schonen Sie meine Eltern! Für alle die Vorwür-

Sich hervortun, auftreten, zur Schau stellen

Bareintreibung fälliger finanzieller Forderungen

fe, die Sie mir jetzt machen, ist ja kein Grund; man hat mir ja davon auch kein Wort gesagt. Sie haben vielleicht die letzten Aufträge, die ich geschickt habe, nicht gelesen. Übrigens, noch mit dem Achtuhrzug fahre ich auf die Reise, die paar Stunden Ruhe haben mich gekräftigt. Halten Sie sich nur nicht auf, Herr Prokurist; ich bin gleich selbst im Geschäft, und haben Sie die Güte, das zu sagen und mich dem Herrn Chef zu empfehlen!«

Und während Gregor dies alles hastig ausstieß und kaum wußte, was er sprach, hatte er sich leicht, wohl infolge der im Bett bereits erlangten Übung, dem Kasten genähert und versuchte nun, an ihm sich aufzurichten. Er wollte tatsächlich die Tür aufmachen, tatsächlich sich sehen lassen und mit dem Prokuristen sprechen; er war begierig zu erfahren, was die anderen, die jetzt so nach ihm verlangten, bei seinem Anblick sagen würden. Würden sie erschrecken, dann hatte Gregor keine Verantwortung mehr und konnte ruhig sein. Würden sie aber alles ruhig hinnehmen, dann hatte auch er keinen Grund sich aufzuregen, und konnte, wenn er sich beeilte, um acht Uhr tatsächlich auf dem Bahnhof sein. Zuerst glitt er nun einige Male von dem glatten Kasten ab, aber endlich gab er sich einen letzten Schwung und stand aufrecht da; auf die Schmerzen im Unterleib achtete er gar nicht mehr, so sehr sie auch brannten. Nun ließ er sich gegen die Rückenlehne eines nahen Stuhles fallen, an deren Rändern er sich mit seinen Beinchen festhielt. Damit hatte er aber auch die Herrschaft über sich erlangt und verstummte, denn nun konnte er den Prokuristen anhören.

»Haben Sie auch nur ein Wort verstanden?« fragte der Prokurist die Eltern, »er macht sich doch wohl nicht einen Narren aus uns?« »Um Gottes willen«, rief die Mutter schon unter Weinen, »er ist vielleicht schwerkrank, und wir quälen ihn. Grete! Grete!« schrie sie dann. »Mutter?« rief die Schwester von der anderen Seite. Sie verständigten sich durch Gregors Zimmer. »Du mußt augenblicklich zum Arzt. Gregor ist krank. Rasch um den Arzt. Hast du Gregor jetzt reden hören?« »Das war eine Tierstimme«, sagte der Prokurist, auffallend leise gegenüber dem Schreien der Mutter. – »Anna! Anna!« rief der Vater durch das Vorzimmer in die Küche und klatschte in die Hände, »sofort einen Schlosser holen!« Und schon liefen die zwei Mädchen mit rauschenden Röcken durch das Vorzimmer – wie hatte sich die Schwester denn so schnell angezogen? – und rissen die Wohnungstüre auf. ⌜Man hörte gar nicht die Türe zuschlagen; sie hatten sie wohl offen gelassen, wie es in Wohnungen zu sein pflegt, in denen ein großes Unglück geschehen ist.⌝

Gregor war aber viel ruhiger geworden. Man verstand zwar also seine Worte nicht mehr, trotzdem sie ihm genug klar, klarer als früher, vorgekommen waren, vielleicht infolge der Gewöhnung des Ohres. Aber immerhin glaubte man nun schon daran, daß es mit ihm nicht ganz in Ordnung war, und war bereit, ihm zu helfen. Die Zuversicht und Sicherheit, mit welchen die ersten Anordnungen getroffen worden waren, taten ihm wohl. Er fühlte sich wieder einbezogen in den menschlichen Kreis und ⌜erhoffte von beiden, vom Arzt und vom Schlosser, ohne sie eigentlich genau zu scheiden, großartige und überraschende Leistungen⌝. Um für die sich nähernden entscheidenden Besprechungen eine möglichst klare Stimme zu bekommen, hustete er ein wenig ab, allerdings bemüht, dies ganz gedämpft zu tun, da möglicherweise auch schon dieses Geräusch anders als menschlicher Husten klang, was er selbst zu entscheiden sich nicht mehr getraute. Im Nebenzimmer war es inzwischen ganz still geworden. Vielleicht saßen die Eltern mit dem Prokuristen beim Tisch und tuschelten, vielleicht lehnten alle an der Türe und horchten.

Gregor schob sich langsam mit dem Sessel* zur Tür hin, ließ ihn dort los, warf sich gegen die Tür, hielt sich an ihr

Meint im Prager Sprachgebrauch einen Stuhl

aufrecht – die Ballen seiner Beinchen hatten ein wenig Klebstoff – und ruhte sich dort einen Augenblick lang von der Anstrengung aus. Dann aber machte er sich daran, mit dem Mund den Schlüssel im Schloß umzudrehen. Es schien leider, daß er keine eigentlichen Zähne hatte – womit sollte er gleich den Schlüssel fassen? –, aber dafür waren die Kiefer freilich sehr stark; mit ihrer Hilfe brachte er auch wirklich den Schlüssel in Bewegung und achtete nicht darauf, daß er sich zweifellos irgendeinen Schaden zufügte, denn eine braune Flüssigkeit kam ihm aus dem Mund, floß über den Schlüssel und tropfte auf den Boden. »Hören Sie nur«, sagte der Prokurist im Nebenzimmer, »er dreht den Schlüssel um.« Das war für Gregor eine große Aufmunterung; aber alle hätten ihm zurufen sollen, auch der Vater und die Mutter: ›Frisch, Gregor‹, hätten sie rufen sollen, ›immer nur heran, fest an das Schloß heran!‹ Und in der Vorstellung, daß alle seine Bemühungen mit Spannung verfolgten, verbiß er sich mit allem, was er an Kraft aufbringen konnte, besinnungslos in den Schlüssel. Je nach dem Fortschreiten der Drehung des Schlüssels umtanzte er das Schloß; hielt er sich jetzt nur noch mit dem Munde aufrecht, und je nach Bedarf hing er sich an den Schlüssel oder drückte ihn dann wieder nieder mit der ganzen Last seines Körpers. Der hellere Klang des endlich zurückschnappenden Schlosses erweckte Gregor förmlich. Aufatmend sagte er sich: ›Ich habe also den Schlosser nicht gebraucht‹, und legte den Kopf auf die Klinke, um die Türe gänzlich zu öffnen.

Da er die Türe auf diese Weise öffnen mußte, war sie eigentlich schon recht weit geöffnet, und er selbst noch nicht zu sehen. Er mußte sich erst langsam um den einen Türflügel herumdrehen, und zwar sehr vorsichtig, wenn er nicht gerade vor dem Eintritt ins Zimmer plump auf den Rücken fallen wollte. Er war noch mit jener schwierigen Bewegung beschäftigt und hatte nicht Zeit, auf anderes zu achten, da hörte er schon den Prokuristen ein lautes »Oh!« ausstoßen – es klang, wie wenn der Wind saust –, und nun sah er ihn auch, wie er, der der Nächste an der Türe war, die Hand gegen den offenen Mund drückte und langsam zurückwich, als vertreibe ihn eine unsichtbare, gleichmäßig fortwirkende Kraft. Die Mutter – sie stand hier trotz der Anwesenheit des Prokuristen mit von der Nacht her noch aufgelösten, hoch sich sträubenden Haaren – sah zuerst mit gefalteten Händen den Vater an, ging dann zwei Schritte zu Gregor hin und fiel inmitten ihrer rings um sie herum sich ausbreitenden Röcke nieder, das Gesicht ganz unauffindbar zu ihrer Brust gesenkt. Der Vater ballte mit feindseligem Ausdruck die Faust, als wolle er Gregor in sein Zimmer zurückstoßen, sah sich dann unsicher im Wohnzimmer um, beschattete dann mit den Händen die Augen und weinte, daß sich seine mächtige Brust schüttelte.

Gregor trat nun gar nicht in das Zimmer, sondern lehnte sich von innen an den festgeriegelten Türflügel, so daß sein Leib nur zur Hälfte und darüber der seitlich geneigte Kopf zu sehen war, mit dem er zu den anderen hinüberlugte. Es war inzwischen viel heller geworden; klar stand auf der anderen Straßenseite ein Ausschnitt des gegenüberliegenden, endlosen, grauschwarzen Hauses – es war ein Krankenhaus – mit seinen hart die Front durchbrechenden regelmäßigen Fenstern; der Regen fiel noch nieder, aber nur mit großen, einzeln sichtbaren und förmlich auch einzelnweise auf die Erde hinuntergeworfenen Tropfen. Das Frühstücksgeschirr stand in überreicher Zahl auf dem Tisch, denn für den Vater war das Frühstück die wichtigste Mahlzeit des Tages, die er bei der Lektüre verschiedener Zeitungen stundenlang hinzog. ⌜Gerade an der gegenüberliegenden Wand hing eine Photographie Gregors aus seiner Militärzeit, die ihn als Leutnant darstellte, wie er, die Hand am Degen, sorglos lächelnd, Respekt für seine Haltung und

Uniform verlangte. Die Tür zum Vorzimmer war geöffnet, und man sah, da auch die Wohnungstür offen war, auf den Vorplatz der Wohnung hinaus und auf den Beginn der abwärts führenden Treppe.

»Nun«, sagte Gregor und war sich dessen wohl bewußt, daß er der einzige war, der die Ruhe bewahrt hatte, »ich werde mich gleich anziehen, die Kollektion zusammenpacken und wegfahren. Wollt ihr, wollt ihr mich wegfahren lassen? Nun, Herr Prokurist, Sie sehen, ich bin nicht starrköpfig und ich arbeite gern; das Reisen ist beschwerlich, aber ich könnte ohne das Reisen nicht leben. Wohin gehen Sie denn, Herr Prokurist? Ins Geschäft? Ja? Werden Sie alles wahrheitsgetreu berichten? Man kann im Augenblick unfähig sein zu arbeiten, aber dann ist gerade der richtige Zeitpunkt, sich an die früheren Leistungen zu erinnern und zu bedenken, daß man später, nach Beseitigung des Hindernisses, gewiß desto fleißiger und gesammelter arbeiten wird. Ich bin ja dem Herrn Chef so sehr verpflichtet, das wissen Sie doch recht gut. Andererseits habe ich die Sorge um meine Eltern und die Schwester. Ich bin in der Klemme, ich werde mich aber auch wieder herausarbeiten. Machen Sie es mir aber nicht schwieriger, als es schon ist. Halten Sie im Geschäft meine Partei! Man liebt den Reisenden nicht, ich weiß. Man denkt, er verdient ein Heidengeld und führt dabei ein schönes Leben. Man hat eben keine besondere Veranlassung, dieses Vorurteil besser zu durchdenken. Sie aber, Herr Prokurist, Sie haben einen besseren Überblick über die Verhältnisse als das sonstige Personal, ja sogar, ganz im Vertrauen gesagt, einen besseren Überblick als der Herr Chef selbst, der in seiner Eigenschaft als Unternehmer sich in seinem Urteil leicht zuungunsten eines Angestellten beirren läßt. Sie wissen auch sehr wohl, daß der Reisende, der fast das ganze Jahr außerhalb des Geschäftes ist, so leicht Opfer von Klatschereien, Zufälligkeiten und grundlosen Beschwerden werden kann, gegen die sich zu wehren ihm ganz unmöglich ist, da er von ihnen meistens gar nichts erfährt und nur dann, wenn er erschöpft eine Reise beendet hat, zu Hause die schlimmen, auf ihre Ursachen hin nicht mehr zu durchschauenden Folgen am eigenen Leibe zu spüren bekommt. Herr Prokurist, gehen Sie nicht weg, ohne mir ein Wort gesagt zu haben, das mir zeigt, daß Sie mir wenigstens zu einem kleinen Teil recht geben!«

Aber der Prokurist hatte sich schon bei den ersten Worten Gregors abgewendet, und nur über die zuckende Schulter hinweg sah er mit aufgeworfenen Lippen nach Gregor zurück. Und während Gregors Rede stand er keinen Augenblick still, sondern verzog sich, ohne Gregor aus den Augen zu lassen, gegen die Tür, aber ganz allmählich, als bestehe ein geheimes Verbot, das Zimmer zu verlassen. Schon war er im Vorzimmer, und nach der plötzlichen Bewegung, mit der er zum letzten Mal den Fuß aus dem Wohnzimmer zog, hätte man glauben können, er habe sich soeben die Sohle verbrannt. Im Vorzimmer aber streckte er die rechte Hand weit von sich zur Treppe hin, als warte dort auf ihn eine geradezu überirdische Erlösung.

Gregor sah ein, daß er den Prokuristen in dieser Stimmung auf keinen Fall weggehen lassen dürfe, wenn dadurch seine Stellung im Geschäft nicht aufs äußerste gefährdet werden sollte. Die Eltern verstanden das alles nicht so gut; sie hatten sich in den langen Jahren die Überzeugung gebildet, daß Gregor in diesem Geschäft für sein Leben versorgt war, und hatten außerdem jetzt mit den augenblicklichen Sorgen so viel zu tun, daß ihnen jede Voraussicht abhanden gekommen war. Aber Gregor hatte diese Voraussicht. Der Prokurist mußte gehalten, beruhigt, überzeugt und schließlich gewonnen werden; die Zukunft Gregors und seiner Familie hing doch davon ab! Wäre doch die Schwester hier gewesen! Sie war klug; sie hatte schon geweint, als Gregor noch ruhig auf dem Rücken lag. Und gewiß hätte der Prokurist, dieser Damenfreund, sich von ihr lenken lassen; sie hätte die Wohnungstür zugemacht und ihm im Vorzimmer den Schrecken ausgeredet. Aber die Schwester war eben nicht da, Gregor selbst mußte handeln. Und ohne daran zu denken, daß er seine gegenwärtigen Fähigkeiten, sich zu bewegen, noch gar nicht kannte, ohne auch daran zu denken, daß seine Rede möglicher-, ja wahrscheinlicherweise wieder nicht verstanden worden war, verließ er den Türflügel; schob sich durch die Öffnung; wollte zum Prokuristen hingehen, der sich schon am Geländer des Vorplatzes lächerlicherweise mit beiden Händen festhielt; fiel aber sofort, nach einem Halt suchend, mit einem kleinen Schrei auf seine vielen Beinchen nieder. ⌜Kaum war das geschehen, fühlte er zum ersten Mal an diesem Morgen ein körperliches Wohlbehagen; die Beinchen hatten festen Boden unter sich; sie gehorchten vollkommen, wie er zu seiner Freude merkte; strebten sogar danach, ihn fortzutragen, wohin er wollte; und schon glaubte er, die endgültige Besserung alles Leidens stehe unmittelbar bevor.⌝ Aber im gleichen Augenblick, als er da schaukelnd vor verhaltener Bewegung, gar nicht weit von seiner Mutter entfernt, ihr gerade gegenüber auf dem Boden lag, sprang diese, die doch so ganz in sich versunken schien, mit einem Male in die Höhe, die Arme weit ausgestreckt, die Finger gespreizt, rief: »Hilfe, um Gottes willen, Hilfe!«, hielt den Kopf geneigt, als wolle sie Gregor besser sehen, lief aber, im Widerspruch dazu, sinnlos zurück; hatte vergessen, daß hinter ihr der gedeckte Tisch stand; setzte sich, als sie bei ihm angekommen war, wie in Zerstreutheit, eilig auf ihn; und schien gar nicht zu merken, daß neben ihr aus der umgeworfenen großen Kanne der Kaffee in vollem Strome auf den Teppich sich ergoß. »Mutter, Mutter«, sagte Gregor leise und sah zu ihr hinauf. Der Prokurist war ihm für einen Augenblick ganz aus dem Sinn gekommen; dagegen konnte er sich nicht versagen, im Anblick des fließenden Kaffees mehrmals mit den Kiefern ins Leere zu schnappen. Darüber schrie die Mutter neuerdings auf, flüchtete vom Tisch und fiel dem ihr entgegeneilenden Vater in die Arme. Aber Gregor hatte jetzt keine Zeit für seine Eltern; der Prokurist war schon auf der Treppe; das Kinn auf dem Geländer, sah er noch zum letzten Male zurück. Gregor nahm einen Anlauf, um ihn möglichst sicher einzuholen; der Prokurist mußte etwas ahnen, denn er machte einen Sprung über mehrere Stufen und verschwand; »Hu!« aber schrie er noch, es klang durchs ganze Treppenhaus. Leider schien nun auch diese Flucht des Prokuristen den Vater, der bisher verhältnismäßig gefaßt gewesen war, völlig zu verwirren, denn statt selbst dem Prokuristen nachzulaufen oder wenigstens Gregor in der Verfolgung nicht zu hindern, packte er mit der Rechten den Stock des Prokuristen, den dieser mit Hut und Überzieher auf einem Sessel zurückgelassen hatte, holte mit der Linken eine große Zeitung vom Tisch und machte sich unter Füßestampfen daran, Gregor durch Schwenken des Stockes und der Zeitung in sein Zimmer zurückzutreiben. Kein Bitten Gregors half, kein Bitten wurde auch verstanden, er mochte den Kopf noch so demütig drehen, der Vater stampfte nur stärker mit den Füßen. ⌜Drüben hatte die Mutter trotz des kühlen Wetters ein Fenster aufgerissen, und hinausgelehnt drückte sie ihr Gesicht weit außerhalb des Fensters in ihre Hände. Zwischen Gasse und Treppenhaus entstand eine starke Zugluft, die Fenstervorhänge flogen auf, die Zeitungen auf dem Tische rauschten, einzelne Blätter wehten über den Boden hin.⌝ Unerbittlich drängte der Vater und stieß Zischlaute aus, wie ein Wilder. Nun hatte aber Gregor noch gar keine Übung im Rückwärtsgehen, es ging wirklich sehr langsam. Wenn sich Gregor nur hätte umdrehen dürfen, er wäre gleich in seinem Zimmer gewesen, aber er fürchtete sich, den Vater durch die zeitraubende Umdrehung ungeduldig zu machen, und jeden Augenblick drohte ihm doch von dem Stock in des Vaters Hand der tödliche Schlag auf den

Rücken oder auf den Kopf. Endlich aber blieb Gregor doch nichts anderes übrig, denn er merkte mit Entsetzen, daß er im Rückwärtsgehen nicht einmal die Richtung einzuhalten verstand; und so begann er, unter unaufhörlichen ängstlichen Seitenblicken nach dem Vater, sich nach Möglichkeit rasch, in Wirklichkeit aber doch nur sehr langsam umzudrehen. Vielleicht merkte der Vater seinen guten Willen, denn er störte ihn hierbei nicht, sondern dirigierte sogar hie und da die Drehbewegung von der Ferne mit der Spitze seines Stockes. Wenn nur nicht dieses unerträgliche Zischen des Vaters gewesen wäre! Gregor verlor darüber ganz den Kopf. Er war schon fast ganz umgedreht, als er sich, immer auf dieses Zischen horchend, sogar irrte und sich wieder ein Stück zurückdrehte. Als er aber endlich glücklich mit dem Kopf vor der Türöffnung war, zeigte es sich, daß sein Körper zu breit war, um ohne weiteres durchzukommen. Dem Vater fiel es natürlich in seiner gegenwärtigen Verfassung auch nicht entfernt ein, etwa den anderen Türflügel zu öffnen, um für Gregor einen genügenden Durchgang zu schaffen. Seine fixe Idee war bloß, daß Gregor so rasch als möglich in sein Zimmer müsse. Niemals hätte er auch die umständlichen Vorbereitungen gestattet, die Gregor brauchte, um sich aufzurichten und vielleicht auf diese Weise durch die Tür zu kommen. Vielmehr trieb er, als gäbe es kein Hindernis, Gregor jetzt unter besonderem Lärm vorwärts; es klang schon hinter Gregor gar nicht mehr wie die Stimme bloß eines einzigen Vaters; nun gab es wirklich keinen Spaß mehr, und Gregor drängte sich – geschehe, was wolle – in die Tür. Die eine Seite seines Körpers hob sich, er lag schief in der Türöffnung, seine eine Flanke war ganz wundgerieben, an der weißen Tür blieben häßliche Flecken, bald steckte er fest und hätte sich allein nicht mehr rühren können, die Beinchen auf der einen Seite hingen zitternd oben in der Luft, die auf der anderen waren schmerzhaft zu Boden gedrückt – ⌜da gab ihm der Vater von hinten einen jetzt wahrhaftig erlösenden starken Stoß, und er flog, heftig blutend, weit in sein Zimmer hinein⌉. Die Tür wurde noch mit dem Stock zugeschlagen, dann war es endlich still.

II

Erst in der Abenddämmerung erwachte Gregor aus seinem schweren ohnmachtsähnlichen Schlaf. Er wäre gewiß nicht viel später auch ohne Störung erwacht, denn er fühlte sich genügend ausgeruht und ausgeschlafen, doch schien es ihm, als hätte ihn ein flüchtiger Schritt und ein vorsichtiges Schließen der zum Vorzimmer führenden Tür geweckt. Der Schein der elektrischen Straßenlampen lag bleich hier und da auf der Zimmerdecke und auf den höheren Teilen der Möbel, aber unten bei Gregor war es finster. Langsam schob er sich, noch ungeschickt mit seinen Fühlern tastend, die er erst jetzt schätzen lernte, zur Türe hin, um nachzusehen, was dort geschehen war. Seine linke Seite schien eine einzige lange, unangenehm spannende Narbe, und er mußte auf seinen zwei Beinreihen regelrecht hinken. Ein Beinchen war übrigens im Laufe der vormittägigen Vorfälle schwer verletzt worden – es war fast ein Wunder, daß nur eines verletzt worden war – und schleppte leblos nach.

Erst bei der Tür merkte er, was ihn dorthin eigentlich gelockt hatte: es war der Geruch von etwas Eßbarem gewesen. Denn dort stand ein Napf mit süßer Milch gefüllt, in der kleine Schnitten von Weißbrot schwammen. Fast hätte er vor Freude gelacht, denn er hatte noch größeren Hunger als am Morgen, und gleich tauchte er seinen Kopf fast bis über die Augen in die Milch hinein. Aber bald zog er ihn enttäuscht wieder zurück; nicht nur, daß ihm das Essen wegen seiner heiklen linken Seite Schwierigkeiten machte – und er konnte nur essen, wenn der ganze Körper schnaufend mitarbeitete –, so schmeckte ihm überdies die Milch, die sonst sein Lieblingsgetränk war, und die ihm gewiß die Schwester deshalb hereingestellt hatte, gar nicht, ja er wandte sich fast mit Widerwillen von dem Napf ab und kroch in die Zimmermitte zurück.

Im Wohnzimmer war, wie Gregor durch die Türspalte sah, das Gas angezündet, aber während sonst zu dieser Tageszeit der Vater seine nachmittags erscheinende Zeitung der Mutter und manchmal auch der Schwester mit erhobener Stimme vorzulesen pflegte, hörte man jetzt keinen Laut. Nun, vielleicht war dieses Vorlesen, von dem ihm die Schwester immer erzählte und schrieb, in der letzten Zeit überhaupt aus der Übung gekommen. Aber auch ringsherum war es so still, trotzdem doch gewiß die Wohnung nicht leer war. ›Was für ein stilles Leben die Familie doch führte‹, sagte sich Gregor und fühlte, während er starr vor sich ins Dunkle sah, einen großen Stolz darüber, daß er seinen Eltern und seiner Schwester ein solches Leben in einer so schönen Wohnung hatte verschaffen können. Wie aber, wenn jetzt alle Ruhe, aller Wohlstand, alle Zufriedenheit ein Ende mit Schrecken nehmen sollten? Um sich nicht in solche Gedanken zu verlieren, setzte sich Gregor lieber in Bewegung und kroch im Zimmer auf und ab.

Einmal während des langen Abends wurde die eine Seitentür und einmal die andere bis zu einer kleinen Spalte geöffnet und rasch wieder geschlossen; jemand hatte wohl das Bedürfnis hereinzukommen, aber auch wieder zu viele Bedenken. Gregor machte nun unmittelbar bei der Wohnzimmertür halt, entschlossen, den zögernden Besucher doch irgendwie hereinzubringen oder doch wenigstens zu erfahren, wer es sei; aber nun wurde die Tür nicht mehr geöffnet, und Gregor wartete vergebens. Früh, als die Türen versperrt waren, hatten alle zu ihm hereinkommen wollen, jetzt, da er die eine Tür geöffnet hatte und die anderen offenbar während des Tages geöffnet worden waren, kam keiner mehr, und die Schlüssel steckten nun auch von außen.

Spät erst in der Nacht wurde das Licht im Wohnzimmer ausgelöscht, und nun war leicht festzustellen, daß die Eltern und die Schwester so lange wachgeblieben waren, denn wie man genau hören konnte, entfernten sich jetzt alle drei auf den Fußspitzen. Nun kam gewiß bis zum Morgen niemand mehr zu Gregor herein; er hatte also eine lange Zeit, um ungestört zu überlegen, wie er sein Leben jetzt neu ordnen sollte. Aber das hohe freie Zimmer, in dem er gezwungen war, flach auf dem Boden zu liegen, ängstigte ihn, ohne daß er die Ursache herausfinden konnte, denn es war ja sein seit fünf Jahren von ihm bewohntes Zimmer – und mit einer halb unbewußten Wendung und nicht ohne eine leichte Scham eilte er unter das Kanapee*, wo er sich, trotzdem sein Rücken ein wenig gedrückt wurde und trotzdem er den Kopf nicht mehr erheben konnte, gleich sehr behaglich fühlte und nur bedauerte, daß sein Körper zu breit war, um vollständig unter dem Kanapee untergebracht zu werden.

Süddt. / österr. für: Couch, Sofa

Dort blieb er die ganze Nacht, die er zum Teil im Halbschlaf, aus dem ihn der Hunger immer wieder aufschreckte, verbrachte, zum Teil aber in Sorgen und undeutlichen Hoffnungen, die aber alle zu dem Schlusse führten, daß er sich vorläufig ruhig verhalten und durch Geduld und größte Rücksichtnahme der Familie die Unannehmlichkeiten erträglich machen müsse, die er ihr in seinem gegenwärtigen Zustand nun einmal zu verursachen gezwungen war.

Schon am frühen Morgen, es war fast noch Nacht, hatte Gregor Gelegenheit, die Kraft seiner eben gefaßten Entschlüsse zu prüfen, denn vom Vorzimmer her öffnete die Schwester, fast völlig angezogen, die Tür und sah mit Spannung herein. Sie fand ihn nicht gleich, aber als sie ihn unter dem Kanapee bemerkte – Gott, er mußte doch irgendwo sein, er hatte doch nicht wegfliegen können –, erschrak sie so sehr, daß sie, ohne sich beherrschen zu können, die Tür von außen wieder zuschlug. Aber als bereue sie ihr Benehmen, öffnete sie die Tür sofort wieder und trat, als sei sie bei einem Schwerkranken oder gar bei einem Fremden, auf den Fußspitzen herein. Gregor hatte den Kopf bis knapp zum Rande des Kanapees vorgeschoben und beobachtete sie. Ob sie wohl bemerken würde, daß er die Milch stehengelassen hatte, und zwar keineswegs aus Mangel an Hunger, und ob sie eine andere Speise hereinbringen würde, die ihm besser entsprach? Täte sie es nicht von selbst, er wollte lieber verhungern, als sie darauf aufmerksam machen, trotzdem es ihn eigentlich ungeheuer drängte, unterm Kanapee vorzuschießen, sich der Schwester zu Füßen zu werfen und sie um irgend etwas Gutes zum Essen zu bitten. Aber die Schwester bemerkte sofort mit Verwunderung den noch vollen Napf, aus dem nur ein wenig Milch ringsherum verschüttet war, sie hob ihn gleich auf, zwar nicht mit den bloßen Händen, sondern mit einem Fetzen*, und trug ihn hinaus. Gregor war äußerst neugierig, was sie zum Ersatze bringen würde, und er machte sich die verschiedensten Gedanken darüber. Niemals aber hätte er erraten können, was die Schwester in ihrer Güte wirklich tat. Sie brachte ihm, um seinen Geschmack zu prüfen, eine ganze Auswahl, alles auf einer alten Zeitung ausgebreitet. Da war altes halbverfaultes Gemüse: Knochen vom Nachtmahl her, die von festgewordener weißer Soße umgeben waren; ein paar Rosinen und Mandeln; ein Käse, den Gregor vor zwei Tagen für ungenießbar erklärt hatte; ein trockenes Brot, ein mit Butter beschmiertes Brot und ein mit Butter beschmiertes und gesalzenes Brot. Außerdem stellte sie zu dem allen noch den wahrscheinlich ein für allemal für Gregor bestimmten Napf, in den sie Wasser gegossen hatte. Und aus Zartgefühl, da sie wußte, daß Gregor vor ihr nicht essen würde, entfernte sie sich eiligst und ⌜drehte sogar den Schlüssel um⌝, damit nur Gregor merken könne, daß er es sich so behaglich machen dürfe, wie er wolle. Gregors Beinchen schwirrten, als es jetzt zum Essen ging. Seine Wunden mußten übrigens auch schon vollständig geheilt sein, er fühlte keine Behinderung mehr, er staunte darüber und dachte daran, wie er vor mehr als einem Monat sich

Putzlappen

mit dem Messer ganz wenig in den Finger geschnitten, und wie ihm diese Wunde noch vorgestern genug weh getan hatte. ›Sollte ich jetzt weniger Feingefühl haben?‹ dachte er und saugte schon gierig an dem Käse, zu dem es ihn vor allen anderen Speisen sofort und nachdrücklich gezogen hatte. Rasch hintereinander und mit vor Befriedigung tränenden Augen verzehrte er den Käse, das Gemüse und die Soße; die frischen Speisen dagegen schmeckten ihm nicht, er konnte nicht einmal ihren Geruch vertragen* und schleppte sogar die Sachen, die er essen wollte, ein Stückchen weiter weg. Er war schon längst mit allem fertig und lag nur noch faul auf der gleichen Stelle, als die Schwester zum Zeichen, daß er sich zurückziehen solle, langsam den Schlüssel umdrehte. Das schreckte ihn sofort auf, trotzdem er schon fast schlummerte, und er eilte wieder unter das Kanapee. Aber es kostete ihn große Selbstüberwindung, auch nur die kurze Zeit, während welcher die Schwester im Zimmer war, unter dem Kanapee zu bleiben, denn von dem reichlichen Essen hatte sich sein Leib ein wenig gerundet, und er konnte dort in der Enge kaum atmen. Unter kleinen Erstickungsanfällen sah er mit etwas hervorgequollenen Augen zu, wie die nichtsahnende Schwester mit einem Besen nicht nur die Überbleibsel zusammenkehrte, sondern selbst die von Gregor gar nicht berührten Speisen, als seien also auch diese nicht mehr zu gebrauchen, und wie sie alles hastig in einen Kübel schüttete, den sie mit einem Holzdeckel schloß, worauf sie alles hinaustrug. Kaum hatte sie sich umgedreht, zog sich schon Gregor unter dem Kanapee hervor und streckte und blähte sich.

Süddt. / österr. für: ertragen

Auf diese Weise bekam nun Gregor täglich sein Essen, einmal am Morgen, wenn die Eltern und das Dienstmädchen noch schliefen, das zweite Mal nach dem allgemeinen Mittagessen, denn dann schliefen die Eltern gleichfalls noch ein Weilchen, und das Dienstmädchen wurde von der Schwester mit irgendeiner Besorgung weggeschickt. Gewiß wollten auch sie nicht, daß Gregor verhungere, aber vielleicht hätten sie es nicht ertragen können, von seinem Essen mehr als durch Hörensagen zu erfahren, vielleicht wollte die Schwester ihnen auch eine möglicherweise nur kleine Trauer ersparen, denn tatsächlich litten sie ja gerade genug.

Mit welchen Ausreden man an jenem ersten Vormittag den Arzt und den Schlosser wieder aus der Wohnung geschafft hatte, konnte Gregor gar nicht erfahren, ⌜denn da er nicht verstanden wurde, dachte niemand daran, auch die Schwester nicht, daß er die anderen verstehen könne, und so mußte er sich, wenn die Schwester in seinem Zimmer war, damit begnügen, nur hier und da ihre Seufzer und Anrufe der Heiligen zu hören⌝. Erst später, als sie sich ein wenig an alles gewöhnt hatte – von vollständiger Gewöhnung konnte natürlich niemals die Rede sein –, erhaschte Gregor manchmal eine Bemerkung, die freundlich gemeint war oder so gedeutet werden konnte. »Heute hat es ihm aber geschmeckt«, sagte sie, wenn Gregor unter dem Essen tüchtig aufgeräumt hatte, während sie im gegenteiligen Fall, der sich allmählich immer häufiger wiederholte, fast traurig zu sagen pflegte: »Nun ist wieder alles stehengeblieben.«

Während aber Gregor unmittelbar keine Neuigkeit erfahren konnte, erhorchte er manches aus den Nebenzimmern, und wo er nur einmal Stimmen hörte, lief er gleich zu der betreffenden Tür und drückte sich mit ganzem Leib an sie. Besonders in der ersten Zeit gab es kein Gespräch, das nicht irgendwie, wenn auch nur im geheimen, von ihm handelte. Zwei Tage lang waren bei allen Mahlzeiten Beratungen darüber zu hören, wie man sich jetzt verhalten solle; aber auch zwischen den Mahlzeiten sprach man über das gleiche Thema, denn immer waren zumindest zwei Familienmitglieder zu Hause, da wohl niemand allein zu Hause bleiben wollte und man die Wohnung doch auf keinen Fall gänzlich verlassen konnte. Auch hatte das Dienstmädchen gleich am ersten Tag – es war nicht ganz klar, was und wieviel sie von dem Vorgefallenen wußte – kniefällig die Mutter gebeten, sie sofort zu entlassen, und als sie sich eine Viertelstunde danach verabschiedete, dankte sie für die Entlassung unter Tränen, wie für die größte Wohltat, die man ihr hier erwiesen hatte, und gab, ohne daß man es von ihr verlangte, einen fürchterlichen Schwur ab, niemandem auch nur das geringste zu verraten.

Nun mußte die Schwester im Verein mit der Mutter auch kochen: allerdings machte das nicht viel Mühe, denn man aß fast nichts. Immer wieder hörte Gregor, wie der eine den anderen vergebens zum Essen aufforderte und keine andere Antwort bekam, als: »Danke, ich habe genug« oder etwas Ähnliches. Getrunken wurde vielleicht auch nichts. Öfters fragte die Schwester den Vater, ob er Bier haben wolle, und herzlich erbot sie sich, es selbst zu holen*, und als der Vater schwieg, sagte sie, um ihm jedes Bedenken zu nehmen, sie könne auch die Hausmeisterin darum schikken, aber dann sagte der Vater schließlich ein großes »Nein«, und es wurde nicht mehr davon gesprochen.

Das Bier wurde im Krug frisch gezapft aus der Gassenschenke geholt.

Schon im Laufe des ersten Tages legte der Vater die ganzen Vermögensverhältnisse und Aussichten sowohl der Mutter als auch der Schwester dar. Hie und da stand er vom Tische auf und holte aus seiner kleinen ⌜Wertheimkassa⌝, die er aus dem vor fünf Jahren erfolgten Zusammenbruch seines Geschäftes gerettet hatte, irgendeinen Beleg oder irgendein Vormerkbuch*. Man hörte, wie er das komplizierte Schloß aufsperrte und nach Entnahme des Gesuchten wieder verschloß. Diese Erklärungen des Vaters waren zum Teil das erste Erfreuliche, was Gregor seit seiner Gefangenschaft zu hören bekam. Er war der Meinung gewesen, daß dem Vater von jenem Geschäft her nicht das geringste übriggeblieben war, zumindest hatte ihm der Vater nichts Gegenteiliges gesagt, und Gregor allerdings hatte ihn auch nicht darum gefragt. Gregors Sorge war damals nur gewesen, alles

Auftragsbuch

daranzusetzen, um die Familie das geschäftliche Unglück, das alle in eine vollständige Hoffnungslosigkeit gebracht hatte, möglichst rasch vergessen zu lassen. Und so hatte er damals mit ganz besonderem Feuer zu arbeiten angefangen und war fast über Nacht aus einem kleinen Kommis* ein Reisender geworden, der natürlich ganz andere Möglichkeiten des Geldverdienens hatte, und dessen Arbeitserfolge sich sofort in Form der Provision* zu Bargeld verwandelten, das der erstaunten und beglückten Familie zu Hause auf den Tisch gelegt werden konnte. Es waren schöne Zeiten gewesen, und niemals nachher hatten sie sich, wenigstens in diesem Glanze, wiederholt, trotzdem Gregor später so viel Geld verdiente, daß er den Aufwand der ganzen Familie zu tragen imstande war und auch trug. Man hatte sich eben daran gewöhnt, sowohl die Familie als auch Gregor, man nahm das Geld dankbar an, er lieferte es gern ab, aber eine besondere Wärme wollte sich nicht mehr ergeben. Nur die Schwester war Gregor doch noch nahe geblieben, und es war sein geheimer Plan, sie, die zum Unterschied von Gregor Musik sehr liebte und rührend Violine zu spielen verstand, nächstes Jahr, ohne Rücksicht auf die großen Kosten, die das verursachen mußte, und die man schon auf andere Weise hereinbringen würde, auf das Konservatorium zu schicken. Öfters während der kurzen Aufenthalte Gregors in der Stadt wurde in den Gesprächen mit der Schwester das Konservatorium erwähnt, aber immer nur als schöner Traum, an dessen Verwirklichung nicht zu denken war, und die Eltern hörten nicht einmal diese unschuldigen Erwähnungen gern; aber Gregor dachte sehr bestimmt daran und beabsichtigte, es am Weihnachtsabend feierlich zu erklären.

Solche in seinem gegenwärtigen Zustand ganz nutzlose Gedanken gingen ihm durch den Kopf, während er dort aufrecht an der Türe klebte und horchte. Manchmal konnte er vor allgemeiner Müdigkeit gar nicht mehr zuhören

Gehilfe in kaufmännischem Betrieb, Handlungsgehilfe

Prozentuale Beteiligung am Umsatz

und ließ den Kopf nachlässig gegen die Tür schlagen, hielt ihn aber sofort wieder fest, denn selbst das kleine Geräusch, das er damit verursacht hatte, war nebenan gehört worden und hatte alle verstummen lassen. »Was er nur wieder treibt«, sagte der Vater nach einer Weile, offenbar zur Tür hingewendet, und dann erst wurde das unterbrochene Gespräch allmählich wieder aufgenommen.

Gregor erfuhr nun zur Genüge – denn der Vater pflegte sich in seinen Erklärungen öfter zu wiederholen, teils, weil er selbst sich mit diesen Dingen schon lange nicht beschäftigt hatte, teils auch, weil die Mutter nicht alles gleich beim ersten Mal verstand –, daß trotz allen Unglücks ein allerdings ganz kleines Vermögen aus der alten Zeit noch vorhanden war, das die nicht angerührten Zinsen in der Zwischenzeit ein wenig hatten anwachsen lassen. Außerdem aber war das Geld, das Gregor allmonatlich nach Hause gebracht hatte – er selbst hatte nur ein paar Gulden für sich behalten –, nicht vollständig aufgebraucht worden und hatte sich zu einem kleinen Kapital angesammelt. Gregor, hinter seiner Türe, nickte eifrig, erfreut über diese unerwartete Vorsicht und Sparsamkeit. Eigentlich hätte er ja mit diesen überschüssigen Geldern die Schuld des Vaters gegenüber dem Chef weiter abgetragen haben können, und jener Tag, an dem er diesen Posten hätte loswerden können, wäre weit näher gewesen, aber jetzt war es zweifellos besser so, wie es der Vater eingerichtet hatte.

Nun genügte dieses Geld aber ganz und gar nicht, um die Familie etwa von den Zinsen leben zu lassen; es genügte vielleicht, um die Familie ein, höchstens zwei Jahre zu erhalten, mehr war es nicht. Es war also bloß eine Summe, die man eigentlich nicht angreifen durfte, und die für den Notfall zurückgelegt werden mußte; das Geld zum Leben aber mußte man verdienen. Nun war aber der Vater ein zwar gesunder, aber alter Mann, der schon fünf Jahre nichts gearbeitet hatte und sich jedenfalls nicht viel zutrauen durfte; er hatte in diesen fünf Jahren, welche die ersten Ferien seines mühevollen und doch erfolglosen Lebens waren, viel Fett angesetzt und war dadurch recht schwerfällig geworden. Und die alte Mutter sollte nun vielleicht Geld verdienen, die an Asthma litt, der eine Wanderung durch die Wohnung schon Anstrengung verursachte, und die jeden zweiten Tag in Atembeschwerden auf dem Sofa beim offenen Fenster verbrachte? Und die Schwester sollte Geld verdienen, die noch ein Kind war mit ihren siebzehn Jahren, und der ihre bisherige Lebensweise so sehr zu gönnen war, die daraus bestanden hatte, sich nett zu kleiden, lange zu schlafen, in der Wirtschaft mitzuhelfen, an ein paar bescheidenen Vergnügungen sich zu beteiligen und vor allem Violine zu spielen? Wenn die Rede auf diese Notwendigkeit des Geldverdienens kam, ließ zuerst immer Gregor die Türe los und warf sich auf das neben der Tür befindliche kühle Ledersofa, denn ihm war ganz heiß vor Beschämung und Trauer.

Oft lag er dort die ganzen langen Nächte über, schlief keinen Augenblick und scharrte nur stundenlang auf dem Leder. Oder er scheute nicht die große Mühe, ⌜einen Sessel zum Fenster zu schieben, dann die Fensterbrüstung hinaufzukriechen und, in den Sessel gestemmt, sich ans Fenster zu lehnen, offenbar nur in irgendeiner Erinnerung an das Befreiende, das früher für ihn darin gelegen war, aus dem Fenster zu schauen⌝. Denn tatsächlich sah er von Tag zu Tag die auch nur wenig entfernten Dinge immer undeutlicher; das gegenüberliegende Krankenhaus, dessen nur allzu häufigen Anblick er früher verflucht hatte, bekam er überhaupt nicht mehr zu Gesicht, und wenn er nicht genau gewußt hätte, daß er in der stillen, aber völlig städtischen Charlottenstraße wohnte, hätte er glauben können, von seinem Fenster aus in eine Einöde zu schauen, in welcher der graue Himmel und die graue Erde ununterscheidbar sich vereinigten. Nur zweimal hatte die aufmerksame

Schwester sehen müssen, daß der Sessel beim Fenster stand, als sie schon jedesmal, nachdem sie das Zimmer aufgeräumt hatte, den Sessel wieder genau zum Fenster hinschob, ja sogar von nun ab den inneren Fensterflügel offen ließ.

Hätte Gregor nur mit der Schwester sprechen und ihr für alles danken können, was sie für ihn machen mußte, er hätte ihre Dienste leichter ertragen; so aber litt er darunter. Die Schwester suchte freilich die Peinlichkeit des Ganzen möglichst zu verwischen, und je längere Zeit verging, desto besser gelang es ihr natürlich auch, aber auch Gregor durchschaute mit der Zeit alles viel genauer. Schon ihr Eintritt war für ihn schrecklich. Kaum war sie eingetreten, lief sie, ohne sich Zeit zu nehmen, die Türe zu schließen, so sehr sie sonst darauf achtete, jedem den Anblick von Gregors Zimmer zu ersparen, geradewegs zum Fenster und riß es, als ersticke sie fast, mit hastigen Händen auf, blieb auch, selbst wenn es noch so kalt war, ein Weilchen beim Fenster und atmete tief. Mit diesem Laufen und Lärmen erschreckte sie Gregor täglich zweimal; die ganze Zeit über zitterte er unter dem Kanapee und wußte doch sehr gut, daß sie ihn gewiß gerne damit verschont hätte, wenn es ihr nur möglich gewesen wäre, sich in einem Zimmer, in dem sich Gregor befand, bei geschlossenem Fenster aufzuhalten.

Einmal, es war wohl schon ein Monat seit Gregors Verwandlung vergangen, und es war doch schon für die Schwester kein besonderer Grund mehr, über Gregors Aussehen in Erstaunen zu geraten, kam sie ein wenig früher als sonst und traf Gregor noch an, wie er, unbeweglich und so recht zum Erschrecken aufgestellt, aus dem Fenster schaute. Es wäre für Gregor nicht unerwartet gewesen, wenn sie nicht eingetreten wäre, da er sie durch seine Stellung verhinderte, sofort das Fenster zu öffnen, aber sie trat nicht nur nicht ein, sie fuhr sogar zurück und schloß die

Tür; ein Fremder hätte geradezu denken können, Gregor habe ihr aufgelauert und habe sie beißen wollen. Gregor versteckte sich natürlich sofort unter dem Kanapee, aber er mußte bis zum Mittag warten, ehe die Schwester wiederkam, und sie schien viel unruhiger als sonst. Er erkannte daraus, daß ihr sein Anblick noch immer unerträglich war und ihr auch weiterhin unerträglich bleiben müsse, und daß sie sich wohl sehr überwinden mußte, vor dem Anblick auch nur der kleinen Partie seines Körpers nicht davonzulaufen, mit der er unter dem Kanapee hervorragte. Um ihr auch diesen Anblick zu ersparen, trug er eines Tages auf seinem Rücken – er brauchte zu dieser Arbeit vier Stunden – das Leintuch auf das Kanapee und ordnete es in einer solchen Weise an, daß er nun gänzlich verdeckt war, und daß die Schwester, selbst wenn sie sich bückte, ihn nicht sehen konnte. Wäre dieses Leintuch ihrer Meinung nach nicht nötig gewesen, dann hätte sie es ja entfernen können, denn daß es nicht zum Vergnügen Gregors gehören konnte, sich so ganz und gar abzusperren, war doch klar genug, aber sie ließ das Leintuch, so wie es war, und Gregor glaubte sogar einen dankbaren Blick erhascht zu haben, als er einmal mit dem Kopf vorsichtig das Leintuch ein wenig lüftete, um nachzusehen, wie die Schwester die neue Einrichtung aufnahm.

In den ersten vierzehn Tagen konnten es die Eltern nicht über sich bringen, zu ihm hereinzukommen, und er hörte oft, wie sie die jetzige Arbeit der Schwester völlig anerkannten, während sie sich bisher häufig über die Schwester geärgert hatten, weil sie ihnen als ein etwas nutzloses Mädchen erschienen war. Nun aber warteten oft beide, der Vater und die Mutter, vor Gregors Zimmer, während die Schwester dort aufräumte, und kaum war sie herausgekommen, mußte sie ganz genau erzählen, wie es in dem Zimmer aussah, was Gregor gegessen hatte, wie er sich diesmal benommen hatte, und ob vielleicht eine kleine Besserung zu bemerken war. Die Mutter übrigens wollte verhältnismäßig bald Gregor besuchen, aber der Vater und die Schwester hielten sie zuerst mit Vernunftgründen zurück, denen Gregor sehr aufmerksam zuhörte, und die er vollständig billigte. Später aber mußte man sie mit Gewalt zurückhalten, und wenn sie dann rief: »Laßt mich doch zu Gregor, er ist ja mein unglücklicher Sohn! Begreift ihr es denn nicht, daß ich zu ihm muß?«, dann dachte Gregor, daß es vielleicht doch gut wäre, wenn die Mutter hereinkäme, nicht jeden Tag natürlich, aber vielleicht einmal in der Woche; sie verstand doch alles viel besser als die Schwester, die trotz all ihrem Mute doch nur ein Kind war und im letzten Grunde vielleicht nur aus kindlichem Leichtsinn eine so schwere Aufgabe übernommen hatte.

Der Wunsch Gregors, die Mutter zu sehen, ging bald in Erfüllung. Während des Tages wollte Gregor schon aus Rücksicht auf seine Eltern sich nicht beim Fenster zeigen, kriechen konnte er aber auf den paar Quadratmetern des Fußbodens auch nicht viel, das ruhige Liegen ertrug er schon während der Nacht schwer, das Essen machte ihm bald nicht mehr das geringste Vergnügen, und so nahm er zur Zerstreuung die Gewohnheit an, kreuz und quer über Wände und Plafond* zu kriechen. Besonders oben auf der Decke hing er gern; es war ganz anders, als das Liegen auf dem Fußboden; man atmete freier; ein leichtes Schwingen ging durch den Körper; und in der fast glücklichen Zerstreutheit, in der sich Gregor dort oben befand, konnte es geschehen, daß er zu seiner eigenen Überraschung sich losließ und auf den Boden klatschte. Aber nun hatte er natürlich seinen Körper ganz anders in der Gewalt als früher und beschädigte sich selbst bei einem so großen Falle nicht. Die Schwester nun bemerkte sofort die neue Unterhaltung, die Gregor für sich gefunden hatte – er hinterließ ja auch beim Kriechen hie und da Spuren seines Klebstoffes –, und da setzte sie es sich in den Kopf, Gregor das Kriechen in größ-

* Zimmerdecke

tem Ausmaße zu ermöglichen und die Möbel, die es verhinderten, also vor allem den Kasten und den Schreibtisch, wegzuschaffen. Nun war sie aber nicht imstande, dies allein zu tun; den Vater wagte sie nicht um Hilfe zu bitten; das Dienstmädchen hätte ihr ganz gewiß nicht geholfen, denn dieses etwa sechzehnjährige Mädchen harrte zwar tapfer seit Entlassung der früheren Köchin aus, hatte aber um die Vergünstigung gebeten, die Küche unaufhörlich versperrt halten zu dürfen und nur auf besonderen Anruf öffnen zu müssen; so blieb der Schwester also nichts übrig, als einmal in Abwesenheit des Vaters die Mutter zu holen. Mit Ausrufen erregter Freude kam die Mutter auch heran, verstummte aber an der Tür vor Gregors Zimmer. Zuerst sah natürlich die Schwester nach, ob alles im Zimmer in Ordnung war; dann erst ließ sie die Mutter eintreten. Gregor hatte in größter Eile das Leintuch noch tiefer und mehr in Falten gezogen, das Ganze sah wirklich nur wie ein zufällig über das Kanapee geworfenes Leintuch aus. Gregor unterließ auch diesmal, unter dem Leintuch zu spionieren; er verzichtete darauf, die Mutter schon diesmal zu sehen, und war nur froh, daß sie nun doch gekommen war. »Komm nur, man sieht ihn nicht«, sagte die Schwester, und offenbar führte sie die Mutter an der Hand. Gregor hörte nun, wie die zwei schwachen Frauen den immerhin schweren alten Kasten von seinem Platze rückten, und wie die Schwester immerfort den größten Teil der Arbeit für sich beanspruchte, ohne auf die Warnungen der Mutter zu hören, welche fürchtete, daß sie sich überanstrengen werde. Es dauerte sehr lange. Wohl nach schon viertelstündiger Arbeit sagte die Mutter, man solle den Kasten doch lieber hier lassen, denn erstens sei er zu schwer, sie würden vor Ankunft des Vaters nicht fertig werden und mit dem Kasten in der Mitte des Zimmers Gregor jeden Weg verrammeln, zweitens aber sei es doch gar nicht sicher, daß Gregor mit der Entfernung der Möbel ein Gefallen geschehe. Ihr scheine das Gegenteil der Fall zu sein; ihr bedrücke der Anblick der leeren Wand geradezu das Herz; und warum solle nicht auch Gregor diese Empfindung haben, da er doch an die Zimmermöbel längst gewöhnt sei und sich deshalb im leeren Zimmer verlassen fühlen werde. »Und ist es dann nicht so«, schloß die Mutter ganz leise, wie sie überhaupt fast flüsterte, als wolle sie vermeiden, daß Gregor, dessen genauen Aufenthalt sie ja nicht kannte, auch nur den Klang der Stimme höre, denn daß er die Worte nicht verstand, davon war sie überzeugt, »und ⌜ist es nicht so, als ob wir durch die Entfernung der Möbel zeigten, daß wir jede Hoffnung auf Besserung aufgeben und ihn rücksichtslos sich selbst überlassen? Ich glaube, es wäre das beste, wir suchen das Zimmer genau in dem Zustand zu erhalten, in dem es früher war, damit Gregor, wenn er wieder zu uns zurückkommt, alles unverändert findet und um so leichter die Zwischenzeit vergessen kann.«

Beim Anhören dieser Worte der Mutter erkannte Gregor, daß der Mangel jeder unmittelbaren menschlichen Ansprache, verbunden mit dem einförmigen Leben inmitten der Familie, im Laufe dieser zwei Monate seinen Verstand hatte verwirren müssen, denn anders konnte er es sich nicht erklären, daß er ernsthaft darnach hatte verlangen können, daß sein Zimmer ausgeleert würde. Hatte er wirklich Lust, das warme, mit ererbten Möbeln gemütlich ausgestattete Zimmer in eine Höhle verwandeln zu lassen, in der er dann freilich nach allen Richtungen ungestört würde kriechen können, jedoch auch unter gleichzeitigem schnellen, gänzlichen Vergessen seiner menschlichen Vergangenheit? War er doch jetzt schon nahe daran, zu vergessen, und nur die seit langem nicht gehörte Stimme der Mutter hatte ihn aufgerüttelt.⌝ Nichts sollte entfernt werden; alles mußte bleiben; die guten Einwirkungen der Möbel auf seinen Zustand konnte er nicht entbehren; und wenn die Möbel ihn hinderten, das sinnlose Herumkriechen zu betreiben, so war es kein Schaden, sondern ein großer Vorteil.

Aber die Schwester war leider anderer Meinung; sie hatte sich, allerdings nicht ganz unberechtigt, angewöhnt, bei Besprechung der Angelegenheiten Gregors als besonders Sachverständige gegenüber den Eltern aufzutreten, und so war auch jetzt der Rat der Mutter für die Schwester Grund genug, auf der Entfernung nicht nur des Kastens und des Schreibtisches, an die sie zuerst allein gedacht hatte, sondern auf der Entfernung sämtlicher Möbel, mit Ausnahme des unentbehrlichen Kanapees, zu bestehen. Es war natürlich nicht nur kindlicher Trotz und das in der letzten Zeit so unerwartet und schwer erworbene Selbstvertrauen, das sie zu dieser Forderung bestimmte; sie hatte doch auch tatsächlich beobachtet, daß Gregor viel Raum zum Kriechen brauchte, dagegen die Möbel, soweit man sehen konnte, nicht im geringsten benützte. Vielleicht aber spielte auch der schwärmerische Sinn der Mädchen ihres Alters mit, der bei jeder Gelegenheit seine Befriedigung sucht, und durch den Grete jetzt sich dazu verlocken ließ, die Lage Gregors noch schreckenerregender machen zu wollen, um dann noch mehr als bis jetzt für ihn leisten zu können. Denn in einen Raum, in dem Gregor ganz allein die leeren Wände beherrschte, würde wohl kein Mensch außer Grete jemals einzutreten sich getrauen.

Und so ließ sie sich von ihrem Entschlusse durch die Mutter nicht abbringen, die auch in diesem Zimmer vor lauter Unruhe unsicher schien, bald verstummte und der Schwester nach Kräften beim Hinausschaffen des Kastens half. Nun, den Kasten konnte Gregor im Notfall noch entbehren, aber schon der Schreibtisch mußte bleiben. Und kaum hatten die Frauen mit dem Kasten, an den sie sich ächzend drückten, das Zimmer verlassen, als Gregor den Kopf unter dem Kanapee hervorstieß, um zu sehen, wie er vorsichtig und möglichst rücksichtsvoll eingreifen könnte. Aber zum Unglück war es gerade die Mutter, welche zuerst zurückkehrte, während Grete im Nebenzimmer den Kasten umfangen hielt und ihn allein hin und her schwang, ohne ihn natürlich von der Stelle zu bringen. Die Mutter aber war Gregors Anblick nicht gewöhnt, er hätte sie krank machen können, und so eilte Gregor erschrocken im Rückwärtslauf bis an das andere Ende des Kanapees, konnte es aber nicht mehr verhindern, daß das Leintuch vorne ein wenig sich bewegte. Das genügte, um die Mutter aufmerksam zu machen. Sie stockte, stand einen Augenblick still und ging dann zu Grete zurück.

Trotzdem sich Gregor immer wieder sagte, daß ja nichts Außergewöhnliches geschehe, sondern nur ein paar Möbel umgestellt würden, wirkte doch, wie er sich bald eingestehen mußte, dieses Hin- und Hergehen der Frauen, ihre kleinen Zurufe, das Kratzen der Möbel auf dem Boden, wie ein großer, von allen Seiten genährter Trubel auf ihn, und er mußte sich, so fest er Kopf und Beine an sich zog und den Leib bis an den Boden drückte, unweigerlich sagen, daß er das Ganze nicht lange aushalten werde. Sie räumten ihm sein Zimmer aus; nahmen ihm alles, was ihm lieb war; den Kasten, in dem die Laubsäge und andere Werkzeuge lagen, hatten sie schon hinausgetragen; lockerten jetzt den schon im Boden fest eingegrabenen Schreibtisch, an dem er als Handelsakademiker, als Bürgerschüler, ja sogar schon als Volksschüler seine Aufgaben geschrieben hatte, – da hatte er wirklich keine Zeit mehr, die guten Absichten zu prüfen, welche die zwei Frauen hatten, deren Existenz er übrigens fast vergessen hatte, denn vor Erschöpfung arbeiteten sie schon stumm, und man hörte nur das schwere Tappen ihrer Füße.

Und so brach er denn hervor – die Frauen stützten sich gerade im Nebenzimmer an den Schreibtisch, um ein wenig zu verschnaufen –, ⌜wechselte viermal die Richtung des Laufes, er wußte wirklich nicht, was er zuerst retten sollte, da sah er an der im übrigen schon leeren Wand auffallend das Bild der in lauter Pelzwerk gekleideten Dame hängen, kroch eilends hinauf und preßte sich an das Glas, das ihn festhielt und seinem heißen Bauch wohltat. Dieses Bild wenigstens, das Gregor jetzt ganz verdeckte, würde nun gewiß niemand wegnehmen.⌝ Er verdrehte den Kopf nach der Tür des Wohnzimmers, um die Frauen bei ihrer Rückkehr zu beobachten.

Sie hatten sich nicht viel Ruhe gegönnt und kamen schon wieder; Grete hatte den Arm um die Mutter gelegt und trug sie fast. »Also was nehmen wir jetzt?« sagte Grete und sah sich um. Da kreuzten sich ihre Blicke mit denen Gregors an der Wand. Wohl nur infolge der Gegenwart der Mutter behielt sie ihre Fassung, beugte ihr Gesicht zur Mutter, um diese vom Herumschauen abzuhalten, und sagte, allerdings zitternd und unüberlegt: »Komm, wollen wir nicht lieber auf einen Augenblick noch ins Wohnzimmer zurückgehen?« Die Absicht Gretes war für Gregor klar, sie wollte die Mutter in Sicherheit bringen und dann ihn von der Wand hinunterjagen. Nun, sie konnte es ja immerhin versuchen! Er saß auf seinem Bild und gab es nicht her. Lieber würde er Grete ins Gesicht springen.

Aber Gretes Worte hatten die Mutter erst recht beunruhigt, sie trat zur Seite, erblickte den riesigen braunen Fleck auf der geblümten Tapete, rief, ehe ihr eigentlich zum Bewußtsein kam, daß das Gregor war, was sie sah, mit schreiender, rauher Stimme: »Ach Gott, ach Gott!« und fiel mit ausgebreiteten Armen, als gebe sie alles auf, über das Kanapee hin und rührte sich nicht. –»Du, Gregor!« rief die Schwester ⌜mit erhobener Faust⌝ und eindringlichen Blicken. Es waren seit der Verwandlung die ersten Worte, die sie unmittelbar an ihn gerichtet hatte. Sie lief ins Nebenzimmer, um irgendeine Essenz* zu holen, mit der sie die Mutter aus ihrer Ohnmacht wecken könnte; Gregor wollte auch helfen – zur Rettung des Bildes war noch Zeit –; er klebte aber fest an dem Glas und mußte sich mit Gewalt losreißen; er lief dann auch ins Nebenzimmer, als könne er der Schwe-

Medizin

ster irgendeinen Rat geben, wie in früherer Zeit; mußte dann aber untätig hinter ihr stehen; während sie in verschiedenen Fläschchen kramte, erschreckte sie noch, als sie sich umdrehte; eine Flasche fiel auf den Boden und zerbrach; ein Splitter verletzte Gregor im Gesicht, irgendeine ätzende Medizin umfloß ihn; Grete nahm nun, ohne sich länger aufzuhalten, soviel Fläschchen, als sie nur halten konnte, und rannte mit ihnen zur Mutter hinein; die Tür schlug sie mit dem Fuße zu. Gregor war nun von der Mutter abgeschlossen, die durch seine Schuld vielleicht dem Tode nahe war; die Tür durfte er nicht öffnen, wollte er die Schwester, die bei der Mutter bleiben mußte, nicht verjagen; er hatte jetzt nichts zu tun, als zu warten; und, von Selbstvorwürfen und Besorgnis bedrängt, begann er zu kriechen, überkroch alles, Wände, Möbel und Zimmerdecke und fiel endlich in seiner Verzweiflung, als sich das ganze Zimmer schon um ihn zu drehen anfing, mitten auf den großen Tisch.

Es verging eine kleine Weile, Gregor lag matt da, ringsherum war es still, vielleicht war das ein gutes Zeichen. Da läutete es. Das Mädchen war natürlich in ihrer Küche eingesperrt und Grete mußte daher öffnen gehen. Der Vater war gekommen. »Was ist geschehen?« waren seine ersten Worte; Gretes Aussehen hatte ihm wohl alles verraten. Grete antwortete mit dumpfer Stimme, offenbar drückte sie ihr Gesicht an des Vaters Brust: »Die Mutter war ohnmächtig, aber es geht ihr schon besser. ⌜Gregor ist ausgebrochen.⌝« »Ich habe es ja erwartet«, sagte der Vater, »ich habe es euch ja immer gesagt, aber ihr Frauen wollt nicht hören.« Gregor war es klar, daß der Vater Gretes allzu kurze Mitteilung schlecht gedeutet hatte und annahm, daß Gregor sich irgendeine Gewalttat habe zuschulden kommen lassen. Deshalb mußte Gregor den Vater jetzt zu besänftigen suchen, denn ihn aufzuklären hatte er weder Zeit noch Möglichkeit. Und so flüchtete er sich zur Tür seines

Zimmers und drückte sich an sie, damit der Vater beim Eintritt vom Vorzimmer her gleich sehen könne, daß Gregor die beste Absicht habe, sofort in sein Zimmer zurückzukehren, und daß es nicht nötig sei, ihn zurückzutreiben, sondern daß man nur die Tür zu öffnen brauche, und gleich werde er verschwinden.

Aber der Vater war nicht in der Stimmung, solche Feinheiten zu bemerken; »Ah!« rief er gleich beim Eintritt in einem Tone, als sei er gleichzeitig wütend und froh. Gregor zog den Kopf von der Tür zurück und hob ihn gegen den Vater. So hatte er sich den Vater wirklich nicht vorgestellt, wie er jetzt dastand; allerdings hatte er in der letzten Zeit über dem neuartigen Herumkriechen versäumt, sich so wie früher um die Vorgänge in der übrigen Wohnung zu kümmern, und hätte eigentlich darauf gefaßt sein müssen, veränderte Verhältnisse anzutreffen. Trotzdem, trotzdem, war das noch der Vater? Der gleiche Mann, der müde im Bett vergraben lag, wenn früher Gregor zu einer Geschäftsreise ausgerückt* war; der ihn an Abenden der Heimkehr im Schlafrock im Lehnstuhl empfangen hatte; gar nicht recht imstande war, aufzustehen, sondern zum Zeichen der Freude nur die Arme gehoben hatte, und der bei den seltenen gemeinsamen Spaziergängen an ein paar Sonntagen im Jahr und an den höchsten Feiertagen zwischen Gregor und der Mutter, die schon an und für sich langsam gingen, immer noch ein wenig langsamer, in seinen alten Mantel eingepackt, mit stets vorsichtig aufgesetztem Krückstock sich vorwärts arbeitete und, wenn er etwas sagen wollte, fast immer stillstand und seine Begleitung um sich versammelte? ⌜Nun aber war er recht gut aufgerichtet; in eine straffe blaue Uniform mit Goldknöpfen gekleidet, wie sie Diener der Bankinstitute tragen; über dem hohen steifen Kragen des Rockes entwickelte sich sein starkes Doppelkinn; unter den buschigen Augenbrauen drang der Blick der schwarzen Augen frisch und aufmerksam hervor; das sonst zer-

* Militärischer Ausdruck für: aufbrechen

zauste weiße Haar war zu einer peinlich genauen, leuchtenden Scheitelfrisur niedergekämmt.⌉ Er warf seine Mütze, auf der ein Goldmonogramm, wahrscheinlich das einer Bank, angebracht war, über das ganze Zimmer im Bogen auf das Kanapee hin und ging, die Enden seines langen Uniformrockes zurückgeschlagen, die Hände in den Hosentaschen, mit verbissenem Gesicht auf Gregor zu. Er wußte wohl selbst nicht, was er vorhatte; immerhin hob er die Füße ungewöhnlich hoch, und Gregor staunte über die Riesengröße seiner Stiefelsohlen. Doch hielt er sich dabei nicht auf, er wußte ja noch vom ersten Tage seines neuen Lebens her, daß der Vater ihm gegenüber nur die größte Strenge für angebracht ansah. Und so lief er vor dem Vater her, stockte, wenn der Vater stehenblieb, und eilte schon wieder vorwärts, wenn sich der Vater nur rührte. So machten sie mehrmals die Runde um das Zimmer, ohne daß sich etwas Entscheidendes ereignete, ja ohne daß das Ganze infolge seines langsamen Tempos den Anschein einer Verfolgung gehabt hätte. Deshalb blieb auch Gregor vorläufig auf dem Fußboden, zumal er fürchtete, der Vater könnte eine Flucht auf die Wände oder den Plafond für besondere Bosheit halten. Allerdings mußte sich Gregor sagen, daß er sogar dieses Laufen nicht lange aushalten würde; denn während der Vater einen Schritt machte, mußte er eine Unzahl von Bewegungen ausführen. Atemnot begann sich schon bemerkbar zu machen, wie er ja auch in seiner früheren Zeit ⌈keine ganz vertrauenswürdige Lunge⌉ besessen hatte. Als er nun so dahintorkelte, um alle Kräfte für den Lauf zu sammeln, kaum die Augen offenhielt; in seiner Stumpfheit an eine andere Rettung als durch Laufen gar nicht dachte; und fast schon vergessen hatte, daß ihm die Wände freistanden, die hier allerdings mit sorgfältig geschnitzten Möbeln voll Zacken und Spitzen verstellt waren – da flog knapp neben ihm, leicht geschleudert, irgend etwas nieder und rollte vor ihm her. Es war ein Apfel; gleich flog ihm ein zweiter nach; Gregor blieb vor Schrecken stehen; ein Weiterlaufen war nutzlos, denn der Vater hatte sich entschlossen, ihn zu bombardieren. ⌜Aus der Obstschale auf der Kredenz* hatte er sich die Taschen gefüllt und warf nun, ohne vorläufig scharf zu zielen, Apfel für Apfel. Diese kleinen roten Äpfel rollten wie elektrisiert auf dem Boden herum und stießen aneinander. Ein schwach geworfener Apfel streifte Gregors Rücken, glitt aber unschädlich ab. Ein ihm sofort nachfliegender drang dagegen förmlich in Gregors Rücken ein; Gregor wollte sich weiterschleppen, als könne der überraschende unglaubliche Schmerz mit dem Ortswechsel vergehen⌝; doch fühlte er sich wie festgenagelt und streckte sich in vollständiger Verwirrung aller Sinne. Nur mit dem letzten Blick sah er noch, wie die Tür seines Zimmers aufgerissen wurde, und vor der schreienden Schwester die Mutter hervoreilte, im Hemd, denn die Schwester hatte sie entkleidet, um ihr in der Ohnmacht Atemfreiheit zu verschaffen, wie dann die Mutter auf den Vater zulief und ihr auf dem Weg die aufgebundenen Röcke einer nach dem anderen zu Boden glitten, und wie sie stolpernd über die Röcke auf den Vater eindrang und ihn umarmend, in gänzlicher Vereinigung mit ihm – nun versagte aber Gregors Sehkraft schon – die Hände an des Vaters Hinterkopf um Schonung von Gregors Leben bat.

Anrichte, Buffet

III

Die schwere Verwundung Gregors, an der er über einen Monat litt – der Apfel blieb, da ihn niemand zu entfernen wagte, als ⌜sichtbares Andenken im Fleische sitzen –, schien selbst den Vater daran erinnert zu haben, daß Gregor trotz seiner gegenwärtigen traurigen und ekelhaften Gestalt ein Familienmitglied war, das man nicht wie einen Feind behandeln durfte, sondern demgegenüber es das Gebot der Familienpflicht war, den Widerwillen hinunterzuschlucken und zu dulden, nichts als zu dulden⌝.
Und wenn nun auch Gregor durch seine Wunde an Beweglichkeit wahrscheinlich für immer verloren hatte und vorläufig zur Durchquerung seines Zimmers wie ein alter Invalide lange, lange Minuten brauchte – an das Kriechen in der Höhe war nicht zu denken –, so bekam er für diese Verschlimmerung seines Zustandes einen seiner Meinung nach vollständig genügenden Ersatz dadurch, daß immer gegen Abend die Wohnzimmertür, die er schon ein bis zwei Stunden vorher scharf zu beobachten pflegte, geöffnet wurde, ⌜so daß er, im Dunkel seines Zimmers liegend, vom Wohnzimmer aus unsichtbar, die ganze Familie beim beleuchteten Tische sehen und ihre Reden, gewissermaßen mit allgemeiner Erlaubnis, also ganz anders als früher, anhören durfte⌝.
Freilich waren es nicht mehr die lebhaften Unterhaltungen der früheren Zeiten, an die Gregor in den kleinen Hotelzimmern stets mit einigem Verlangen gedacht hatte, wenn er sich müde in das feuchte Bettzeug hatte werfen müssen. Es ging jetzt meist nur sehr still zu. Der Vater schlief bald nach dem Nachtessen in seinem Sessel ein; die Mutter und Schwester ermahnten einander zur Stille; die Mutter nähte, weit unter das Licht vorgebeugt, feine Wäsche für ein Modengeschäft; die Schwester, die eine Stellung als Verkäu-

ferin angenommen hatte, lernte am Abend Stenographie und Französisch, um vielleicht später einmal einen besseren Posten zu erreichen. Manchmal wachte der Vater auf, und als wisse er gar nicht, daß er geschlafen habe, sagte er zur Mutter: »Wie lange du heute schon wieder nähst!« und schlief sofort wieder ein, während Mutter und Schwester einander müde zulächelten.

Mit einer Art Eigensinn weigerte sich der Vater, auch zu Hause seine Dieneruniform abzulegen; und während der Schlafrock nutzlos am Kleiderhaken hing, schlummerte der Vater vollständig angezogen auf seinem Platz, als sei er immer zu seinem Dienste bereit und warte auch hier auf die Stimme des Vorgesetzten. Infolgedessen verlor die gleich anfangs nicht neue Uniform trotz aller Sorgfalt von Mutter und Schwester an Reinlichkeit, und Gregor sah oft ganze Abende lang auf dieses über und über fleckige, mit seinen stets geputzten Goldknöpfen leuchtende Kleid*, in dem der alte Mann höchst unbequem und doch ruhig schlief.

Hier: Uniform

Sobald die Uhr zehn schlug, suchte die Mutter durch leise Zusprache den Vater zu wecken und dann zu überreden, ins Bett zu gehen, denn hier war es doch kein richtiger Schlaf, und diesen hatte der Vater, der um sechs Uhr seinen Dienst antreten mußte, äußerst nötig. Aber in dem Eigensinn, der ihn, seitdem er Diener war, ergriffen hatte, bestand er immer darauf, noch länger bei Tisch zu bleiben, trotzdem er regelmäßig einschlief, und war dann überdies nur mit der größten Mühe zu bewegen, den Sessel mit dem Bett zu vertauschen. Da mochten Mutter und Schwester mit kleinen Ermahnungen noch so sehr auf ihn eindringen, viertelstundenlang schüttelte er langsam den Kopf, hielt die Augen geschlossen und stand nicht auf. Die Mutter zupfte ihn am Ärmel, sagte ihm Schmeichelworte ins Ohr, die Schwester verließ ihre Aufgabe, um der Mutter zu helfen, aber beim Vater verfing das nicht. Er versank nur noch tiefer in seinen Sessel. Erst als ihn die Frauen unter den

Achseln faßten, schlug er die Augen auf, sah abwechselnd die Mutter und die Schwester an und pflegte zu sagen: »Das ist ein Leben. Das ist die Ruhe meiner alten Tage.« Und auf die beiden Frauen gestützt, erhob er sich, umständlich, als sei er für sich selbst die größte Last, ließ sich von den Frauen bis zur Türe führen, winkte ihnen dort ab und ging nun selbständig weiter, während die Mutter ihr Nähzeug, die Schwester ihre Feder eiligst hinwarfen, um hinter dem Vater zu laufen und ihm weiter behilflich zu sein.⌝

Wer hatte in dieser abgearbeiteten und übermüdeten Familie Zeit, sich um Gregor mehr zu kümmern, als unbedingt nötig war? Der Haushalt wurde immer mehr eingeschränkt; das Dienstmädchen wurde nun doch entlassen; eine riesige knochige Bedienerin mit weißem, den Kopf umflatterndem Haar kam des Morgens und des Abends, um die schwerste Arbeit zu leisten; alles andere besorgte die Mutter neben ihrer vielen Näharbeit. Es geschah sogar, daß verschiedene Familienschmuckstücke, welche früher die Mutter und die Schwester überglücklich bei Unterhaltungen und Feierlichkeiten getragen hatten, verkauft wurden, wie Gregor am Abend aus der allgemeinen Besprechung der erzielten Preise erfuhr. Die größte Klage war aber stets, daß man diese für die gegenwärtigen Verhältnisse allzu große Wohnung nicht verlassen konnte, da es nicht auszudenken war, wie man Gregor übersiedeln sollte. Aber Gregor sah wohl ein, daß es nicht nur die Rücksicht auf ihn war, welche eine Übersiedlung verhinderte, denn ihn hätte man doch in einer passenden Kiste mit ein paar Luftlöchern leicht transportieren können; was die Familie hauptsächlich vom Wohnungswechsel abhielt, war vielmehr die völlige Hoffnungslosigkeit und der Gedanke daran, daß sie mit einem Unglück geschlagen war, wie niemand sonst im ganzen Verwandten- und Bekanntenkreis. Was die Welt von armen Leuten verlangt, erfüllten sie bis zum äußersten, der Vater holte den kleinen Bankbeamten das Frühstück, die Mutter opferte sich für die Wäsche fremder Leute, die Schwester lief nach dem Befehl der Kunden hinter dem Pulte hin und her, aber weiter reichten die Kräfte der Familie schon nicht. Und die Wunde im Rücken fing Gregor wie neu zu schmerzen an, wenn Mutter und Schwester, nachdem sie den Vater zu Bett gebracht hatten, nun zurückkehrten, die Arbeit liegenließen, nahe zusammenrückten, schon Wange an Wange saßen; wenn jetzt die Mutter, auf Gregors Zimmer zeigend, sagte: »Mach dort die Tür zu, Grete«, und wenn nun Gregor wieder im Dunkel war, während nebenan die Frauen ihre Tränen vermischten oder tränenlos den Tisch anstarrten.

Die Nächte und Tage verbrachte Gregor fast ganz ohne Schlaf. Manchmal dachte er daran, beim nächsten Öffnen der Tür die Angelegenheiten der Familie ganz so wie früher wieder in die Hand zu nehmen; in seinen Gedanken erschienen wieder nach langer Zeit der Chef und der Prokurist, die Kommis und die Lehrjungen, der so begriffsstutzige Hausknecht, zwei, drei Freunde aus anderen Geschäften, ein Stubenmädchen aus einem Hotel in der Provinz, eine liebe, flüchtige Erinnerung, eine Kassiererin aus einem Hutgeschäft, um die er sich ernsthaft, aber zu langsam beworben hatte – sie alle erschienen untermischt mit Fremden oder schon Vergessenen, aber statt ihm und seiner Familie zu helfen, waren sie sämtlich unzugänglich, und er war froh, wenn sie verschwanden. Dann aber war er wieder gar nicht in der Laune, sich um seine Familie zu sorgen, bloß Wut über die schlechte Wartung* erfüllte ihn, und trotzdem er sich nichts vorstellen konnte, worauf er Appetit gehabt hätte, machte er doch Pläne, wie er in die Speisekammer gelangen könnte, um dort zu nehmen, was ihm, auch wenn er keinen Hunger hatte, immerhin gebührte. Ohne jetzt mehr nachzudenken, womit man Gregor einen besonderen Gefallen machen könnte, schob die Schwe-

Pflege

Österr. für: gekostet, probiert

ster eiligst, ehe sie morgens und mittags ins Geschäft lief, mit dem Fuß irgendeine beliebige Speise in Gregors Zimmer hinein, um sie am Abend, gleichgültig dagegen, ob die Speise vielleicht nur verkostet* oder – der häufigste Fall – gänzlich unberührt war, mit einem Schwenken des Besens hinauszukehren. Das Aufräumen des Zimmers, das sie nun immer abends besorgte, konnte gar nicht mehr schneller getan sein. Schmutzstreifen zogen sich die Wände entlang, hie und da lagen Knäuel von Staub und Unrat. In der ersten Zeit stellte sich Gregor bei der Ankunft der Schwester in derartige besonders bezeichnende Winkel, um ihr durch diese Stellung gewissermaßen einen Vorwurf zu machen. Aber er hätte wohl wochenlang dort bleiben können, ohne daß sich die Schwester gebessert hätte; sie sah ja den Schmutz genau so wie er, aber sie hatte sich eben entschlossen, ihn zu lassen. Dabei wachte sie mit einer an ihr ganz neuen Empfindlichkeit, die überhaupt die ganze Familie ergriffen hatte, darüber, daß das Aufräumen von Gregors Zimmer ihr vorbehalten blieb. Einmal hatte die Mutter Gregors Zimmer einer großen Reinigung unterzogen, die ihr nur nach Verbrauch einiger Kübel Wasser gelungen war – die viele Feuchtigkeit kränkte allerdings Gregor auch und er lag breit, verbittert und unbeweglich auf dem Kanapee –, aber die Strafe blieb für die Mutter nicht aus. Denn kaum hatte am Abend die Schwester die Veränderung in Gregors Zimmer bemerkt, als sie, aufs höchste beleidigt, ins Wohnzimmer lief und, trotz der beschwörend erhobenen Hände der Mutter, in einen Weinkrampf ausbrach, dem die Eltern – der Vater war natürlich aus seinem Sessel aufgeschreckt worden – zuerst erstaunt und hilflos zusahen; bis auch sie sich zu rühren anfingen; der Vater rechts der Mutter Vorwürfe machte, daß sie Gregors Zimmer nicht der Schwester zur Reinigung überließ; links dagegen die Schwester anschrie, sie werde niemals mehr Gregors Zimmer reinigen dürfen; während die Mutter den Vater, der sich vor Erregung nicht mehr kannte, ins Schlafzimmer zu schleppen suchte; die Schwester, von Schluchzen geschüttelt, ⌜mit ihren kleinen Fäusten den Tisch bearbeitete⌝; und Gregor laut vor Wut darüber zischte, daß es keinem einfiel, die Tür zu schließen und ihm diesen Anblick und Lärm zu ersparen.

Aber selbst wenn die Schwester, erschöpft von ihrer Berufsarbeit, dessen überdrüssig geworden war, für Gregor, wie früher, zu sorgen, so hätte noch keineswegs die Mutter für sie eintreten müssen und Gregor hätte doch nicht vernachlässigt werden brauchen. Denn nun war die Bedienerin da. Diese alte Witwe, die in ihrem langen Leben mit Hilfe ihres starken Knochenbaues das Ärgste überstanden haben mochte, hatte keinen eigentlichen Abscheu vor Gregor. Ohne irgendwie neugierig zu sein, hatte sie zufällig einmal die Tür von Gregors Zimmer aufgemacht und war im Anblick Gregors, der, gänzlich überrascht, trotzdem ihn niemand jagte, hin und her zu laufen begann, die Hände im Schoß gefaltet staunend stehengeblieben. Seitdem versäumte sie nicht, ⌜stets flüchtig morgens und abends die Tür ein wenig zu öffnen⌝ und zu Gregor hineinzuschauen. Anfangs rief sie ihn auch zu sich herbei, mit Worten, die sie wahrscheinlich für freundlich hielt, wie »Komm mal herüber, alter Mistkäfer!« oder »Seht mal den alten Mistkäfer!« Auf solche Ansprachen antwortete Gregor mit nichts, sondern blieb unbeweglich auf seinem Platz, ⌜als sei die Tür gar nicht geöffnet worden⌝. Hätte man doch dieser Bedienerin, statt sie nach ihrer Laune ihn nutzlos stören zu lassen, lieber den Befehl gegeben, sein Zimmer täglich zu reinigen! Einmal am frühen Morgen – ein heftiger Regen, vielleicht schon ein Zeichen des kommenden Frühjahrs, schlug an die Scheiben – war Gregor, als die Bedienerin mit ihren Redensarten wieder begann, derartig erbittert, daß er, wie zum Angriff, allerdings langsam und hinfällig, sich gegen sie wendete. Die Bedienerin aber, statt sich zu fürchten, hob bloß einen in der Nähe der Tür befindlichen Stuhl hoch empor, und wie sie mit groß geöffnetem Munde dastand, war ihre Absicht klar, den Mund erst zu schließen, wenn der Sessel in ihrer Hand auf Gregors Rücken niederschlagen würde. »Also weiter geht es nicht?« fragte sie, als Gregor sich wieder umdrehte, und stellte den Sessel ruhig in die Ecke zurück.

Gregor aß nun fast gar nichts mehr. Nur wenn er zufällig an der vorbereiteten Speise vorüberkam, nahm er zum Spiel einen Bissen in den Mund, hielt ihn dort stundenlang und spie ihn dann meist wieder aus. Zuerst dachte er, es sei die Trauer über den Zustand seines Zimmers, die ihn vom Essen abhalte, aber gerade mit den Veränderungen des Zimmers söhnte er sich sehr bald aus. Man hatte sich angewöhnt, Dinge, die man anderswo nicht unterbringen konnte, in dieses Zimmer hineinzustellen, und solcher Dinge gab es nun viele, da man ein Zimmer der Wohnung an drei Zimmerherren* vermietet hatte. Diese ernsten Herren – alle drei hatten Vollbärte, wie Gregor einmal durch eine Türspalte feststellte – waren peinlich auf Ordnung, nicht nur in ihrem Zimmer, sondern, da sie sich nun einmal hier eingemietet hatten, in der ganzen Wirtschaft, also insbesondere in der Küche, bedacht. Unnützen oder gar schmutzigen Kram ertrugen sie nicht. Überdies hatten sie zum größten Teil ihre eigenen Einrichtungsstücke mitgebracht. Aus diesem Grunde waren viele Dinge überflüssig geworden, die zwar nicht verkäuflich waren, die man aber auch nicht wegwerfen wollte. Alle diese wanderten in Gregors Zimmer. Ebenso auch die Aschenkiste* und die Abfallkiste aus der Küche. Was nur im Augenblick unbrauchbar war, schleuderte die Bedienerin, die es immer sehr eilig hatte, einfach in Gregors Zimmer; Gregor sah glücklicherweise meist nur den betreffenden Gegenstand und die Hand, die ihn hielt. Die Bedienerin hatte vielleicht die Absicht, bei Zeit und Gelegenheit die Dinge wieder zu holen

Untermieter

Sammelbehälter für die Asche aus den Aschenschubern der einzelnen Öfen einer Wohnung oder alle insgesamt mit einem Mal hinauszuwerfen, tatsächlich aber blieben sie dort liegen, wohin sie durch den ersten Wurf gekommen waren, wenn nicht Gregor sich durch das Rumpelzeug wand und es in Bewegung brachte, zuerst gezwungen, weil kein sonstiger Platz zum Kriechen frei war, später aber mit wachsendem Vergnügen, obwohl er nach solchen Wanderungen, zum Sterben müde und traurig, wieder stundenlang sich nicht rührte.

Da die Zimmerherren manchmal auch ihr Abendessen zu Hause im gemeinsamen Wohnzimmer einnahmen, blieb die Wohnzimmertür an manchen Abenden geschlossen, aber Gregor verzichtete ganz leicht auf das Öffnen der Tür, hatte er doch schon manche Abende, an denen sie geöffnet war, nicht ausgenützt, sondern war, ohne daß es die Familie merkte, im dunkelsten Winkel seines Zimmers gelegen. Einmal aber hatte die Bedienerin die Tür zum Wohnzimmer ein wenig offen gelassen; und sie blieb so offen, auch als die Zimmerherren am Abend eintraten und Licht gemacht wurde. Sie setzten sich oben an den Tisch, wo in früheren Zeiten der Vater, die Mutter und Gregor gegessen hatten, entfalteten die Servietten und nahmen Messer und Gabel in die Hand. Sofort erschien in der Tür die Mutter mit einer Schüssel Fleisch und knapp hinter ihr die Schwester mit einer Schüssel hochgeschichteter Kartoffeln. Das Essen dampfte mit starkem Rauch. Die Zimmerherren beugten sich über die vor sie hingestellten Schüsseln, als wollten sie sie vor dem Essen prüfen, und tatsächlich zerschnitt der, welcher in der Mitte saß und den anderen zwei als Autorität zu gelten schien, ein Stück Fleisch noch auf der Schüssel, offenbar um festzustellen, ob es mürbe genug sei und ob es nicht etwa in die Küche zurückgeschickt werden solle. Er war befriedigt, und Mutter und Schwester, die gespannt zugesehen hatten, begannen aufatmend zu lächeln.

Die Familie selbst aß in der Küche. Trotzdem kam der Vater, ehe er in die Küche ging, in dieses Zimmer herein und machte mit einer einzigen Verbeugung, die Kappe in der Hand, einen Rundgang um den Tisch. Die Zimmerherren erhoben sich sämtlich und murmelten etwas in ihre Bärte. Als sie dann allein waren, aßen sie fast unter vollkommenem Stillschweigen. Sonderbar schien es Gregor, daß man aus allen mannigfachen Geräuschen des Essens immer wieder ihre kauenden Zähne heraushörte, als ob damit Gregor gezeigt werden sollte, daß man Zähne brauche, um zu essen, und daß man auch mit den schönsten zahnlosen Kiefern nichts ausrichten könne. ›Ich habe ja Appetit‹, sagte sich Gregor sorgenvoll, ›aber nicht auf diese Dinge. Wie sich diese Zimmerherren nähren, und ich komme um!‹ ⌜Gerade an diesem Abend – Gregor erinnerte sich nicht, während der ganzen Zeit die Violine gehört zu haben – ertönte sie von der Küche her.⌝ Die Zimmerherren hatten schon ihr Nachtmahl beendet, der mittlere hatte eine Zeitung hervorgezogen, den zwei anderen je ein Blatt gegeben, und nun lasen sie zurückgelehnt und rauchten. Als die Violine zu spielen begann, wurden sie aufmerksam, erhoben sich und gingen auf den Fußspitzen zur Vorzimmertür, in der sie aneinandergedrängt stehenblieben. Man mußte sie von der Küche aus gehört haben, denn der Vater rief: »Ist den Herren das Spiel vielleicht unangenehm? Es kann sofort eingestellt werden.« »Im Gegenteil«, sagt der mittlere der Herren, »möchte das Fräulein nicht zu uns hereinkommen und hier im Zimmer spielen, wo es doch viel bequemer und gemütlicher ist?« »O bitte«, rief der Vater, als sei er der Violinspieler. Die Herren traten ins Zimmer zurück und warteten. Bald kam der Vater mit dem Notenpult, die Mutter mit den Noten und die Schwester mit der Violine. Die Schwester bereitete alles ruhig zum Spiele vor; die Eltern, die niemals früher Zimmer vermietet hatten und deshalb die Höflichkeit gegen die Zimmerherren übertrieben, wagten gar nicht, sich auf ihre eigenen

Sessel zu setzen; der Vater lehnte an der Tür, die rechte Hand zwischen zwei Knöpfe des geschlossenen Livreerokkes gesteckt; die Mutter aber erhielt von einem Herrn einen Sessel angeboten und saß, da sie den Sessel dort ließ, wohin ihn der Herr zufällig gestellt hatte, abseits in einem Winkel.

Die Schwester begann zu spielen; Vater und Mutter verfolgten, jeder von seiner Seite, aufmerksam die Bewegungen ihrer Hände. Gregor hatte, von dem Spiele angezogen, sich ein wenig weiter vorgewagt und war schon mit dem Kopf im Wohnzimmer. Er wunderte sich kaum darüber, daß er in letzter Zeit so wenig Rücksicht auf die andern nahm; früher war diese Rücksichtnahme sein Stolz gewesen. Und dabei hätte er gerade jetzt mehr Grund gehabt, sich zu verstecken, denn infolge des Staubes, der in seinem Zimmer überall lag und bei der kleinsten Bewegung umherflog, war auch er ganz staubbedeckt; Fäden, Haare, Speiseüberreste schleppte er auf seinem Rücken und an den Seiten mit sich herum; seine Gleichgültigkeit gegen alles war viel zu groß, als daß er sich, wie früher mehrmals während des Tages, auf den Rücken gelegt und am Teppich gescheuert hätte. Und trotz dieses Zustandes hatte er keine Scheu, ein Stück auf dem makellosen Fußboden des Wohnzimmers vorzurücken.

Allerdings achtete auch niemand auf ihn. Die Familie war gänzlich vom Violinspiel in Anspruch genommen; die Zimmerherren dagegen, die zunächst, die Hände in den Hosentaschen, viel zu nahe hinter dem Notenpult der Schwester sich aufgestellt hatten, so daß sie alle in die Noten hätten sehen können, was sicher die Schwester stören mußte, zogen sich bald unter halblauten Gesprächen mit gesenkten Köpfen zum Fenster zurück, wo sie, vom Vater besorgt beobachtet, auch blieben. Es hatte nun wirklich den überdeutlichen Anschein, als wären sie in ihrer Annahme, ein schönes oder unterhaltendes Violinspiel zu hören, enttäuscht, hätten die ganze Vorführung satt und ließen sich nur aus Höflichkeit noch in ihrer Ruhe stören. Besonders die Art, wie sie alle aus Nase und Mund den Rauch ihrer Zigarren in die Höhe bliesen, ließ auf große Nervosität schließen. Und doch spielte die Schwester so schön. Ihr Gesicht war zur Seite geneigt, prüfend und traurig folgten ihre Blicke den Notenzeilen. Gregor kroch noch ein Stück vorwärts und hielt den Kopf eng an den Boden, um möglicherweise ihren Blicken begegnen zu können. War er ein Tier, da ihn Musik so ergriff? Ihm war, als zeige sich ihm der Weg zu der ersehnten unbekannten Nahrung. Er war entschlossen, bis zur Schwester vorzudringen, sie am Rock zu zupfen und ihr dadurch anzudeuten, sie möge doch mit ihrer Violine in sein Zimmer kommen, denn niemand lohnte hier das Spiel so, wie er es lohnen wollte. Er wollte sie nicht mehr aus seinem Zimmer lassen, wenigstens nicht, solange er lebte; seine Schreckgestalt sollte ihm zum ersten Mal nützlich werden; an allen Türen seines Zimmers wollte er gleichzeitig sein und den Angreifern entgegenfauchen; die Schwester aber sollte nicht gezwungen, sondern freiwillig bei ihm bleiben; sie sollte neben ihm auf dem Kanapee sitzen, das Ohr zu ihm herunterneigen, und er wollte ihr dann anvertrauen, daß er die feste Absicht gehabt habe, sie auf das Konservatorium zu schicken, und daß er dies, wenn nicht das Unglück dazwischen gekommen wäre, vergangene Weihnachten – Weihnachten war doch wohl schon vorüber? – allen gesagt hätte, ohne sich um irgendwelche Widerreden zu kümmern. Nach dieser Erklärung würde die Schwester in Tränen der Rührung ausbrechen, und Gregor würde sich bis zu ihrer Achsel erheben und ihren Hals küssen, den sie, seitdem sie ins Geschäft ging, frei ohne Band oder Kragen trug.

»Herr Samsa!« rief der mittlere Herr dem Vater zu und zeigte, ohne ein weiteres Wort zu verlieren, mit dem Zeigefinger auf den langsam sich vorwärtsbewegenden Gregor. Die Violine verstummte, der mittlere Zimmerherr lächelte erst einmal kopfschüttelnd seinen Freunden zu und sah dann wieder auf Gregor hin. Der Vater schien es für nötiger zu halten, statt Gregor zu vertreiben, vorerst die Zimmerherren zu beruhigen, trotzdem diese gar nicht aufgeregt waren und Gregor sie mehr als das Violinspiel zu unterhalten schien. Er eilte zu ihnen und suchte sie mit ausgebreiteten Armen in ihr Zimmer zu drängen und gleichzeitig mit seinem Körper ihnen den Ausblick auf Gregor zu nehmen. Sie wurden nun tatsächlich ein wenig böse, man wußte nicht mehr, ob über das Benehmen des Vaters oder über die ihnen jetzt aufgehende Erkenntnis, ohne es zu wissen, einen solchen Zimmernachbar wie Gregor besessen zu haben. Sie verlangten vom Vater Erklärungen, hoben ihrerseits die Arme, zupften unruhig an ihren Bärten und wichen nur langsam gegen ihr Zimmer zurück. Inzwischen hatte die Schwester die Verlorenheit, in die sie nach dem plötzlich abgebrochenen Spiel verfallen war, überwunden, hatte sich, nachdem sie eine Zeitlang in den lässig* hängenden Händen Violine und Bogen gehalten und weiter, als spiele sie noch, in die Noten gesehen hatte, mit einem Male aufgerafft, hatte das Instrument auf den Schoß der Mutter gelegt, die in Atembeschwerden mit heftig arbeitenden Lungen noch auf ihrem Sessel saß, und war in das Nebenzimmer gelaufen, dem sich die Zimmerherren unter dem Drängen des Vaters schon schneller näherten. Man sah, wie unter den geübten Händen der Schwester die Decken und Polster* in den Betten in die Höhe flogen und sich ordneten. Noch ehe die Herren das Zimmer erreicht hatten, war sie mit dem Aufbetten fertig und schlüpfte heraus. Der Vater schien wieder von seinem Eigensinn derartig ergriffen, daß er jeden Respekt vergaß, den er seinen Mietern immerhin schuldete. Er drängte nur und drängte, bis schon in der Tür des Zimmers der mittlere der Herren donnernd mit dem Fuß aufstampfte und dadurch den Vater

bewegungslos

Österr. für: Kissen

zum Stehen brachte. »Ich erkläre hiermit«, sagte er, hob die Hand und suchte mit den Blicken auch die Mutter und die Schwester, »daß ich mit Rücksicht auf die in dieser Wohnung und Familie herrschenden widerlichen Verhältnisse« – hiebei spie er kurz entschlossen auf den Boden – »mein Zimmer augenblicklich kündige. Ich werde natürlich auch für die Tage, die ich hier gewohnt habe, nicht das geringste bezahlen, dagegen werde ich es mir noch überlegen, ob ich nicht mit irgendwelchen – glauben Sie mir – sehr leicht zu begründenden Forderungen gegen Sie auftreten werde.« Er schwieg und sah gerade vor sich hin, als erwarte er etwas. Tatsächlich fielen sofort seine zwei Freunde mit den Worten ein: »Auch wir kündigen augenblicklich.« Darauf faßte er die Türklinke und schloß mit einem Krach die Tür.

Der Vater wankte mit tastenden Händen zu seinem Sessel und ließ sich in ihn fallen; es sah aus, als strecke er sich zu seinem gewöhnlichen Abendschläfchen, aber das starke Nicken seines wie haltlosen Kopfes zeigte, daß er ganz und gar nicht schlief. Gregor war die ganze Zeit still auf dem Platz gelegen, auf dem ihn die Zimmerherren ertappt hatten. Die Enttäuschung über das Mißlingen seines Planes, vielleicht aber auch die durch das viele Hungern verursachte Schwäche machten es ihm unmöglich, sich zu bewegen. Er fürchtete mit einer gewissen Bestimmtheit schon für den nächsten Augenblick einen allgemeinen über ihn sich entladenden Zusammensturz und wartete. Nicht einmal die Violine schreckte ihn auf, die, unter den zitternden Fingern der Mutter hervor, ihr vom Schoße fiel und einen hallenden Ton von sich gab.

»Liebe Eltern«, sagte die Schwester und schlug zur Einleitung mit der Hand auf den Tisch, »so geht es nicht weiter. Wenn ihr das vielleicht nicht einsehet, ich sehe es ein. ⌜Ich will vor diesem Untier nicht den Namen meines Bruders aussprechen, und sage daher bloß: wir müssen versuchen, es loszuwerden.⌝ Wir haben das Menschenmögliche versucht, es zu pflegen und zu dulden, ich glaube, es kann uns niemand den geringsten Vorwurf machen.«

»Sie hat tausendmal recht«, sagte der Vater für sich. Die Mutter, die noch immer nicht genug Atem finden konnte, fing in die vorgehaltene Hand mit einem irrsinnigen Ausdruck der Augen dumpf zu husten an.

Die Schwester eilte zur Mutter und hielt ihr die Stirn. Der Vater schien durch die Worte der Schwester auf bestimmtere Gedanken gebracht zu sein, hatte sich aufrecht gesetzt, spielte mit seiner Dienermütze zwischen den Tellern, die noch vom Nachtmahl der Zimmerherren her auf dem Tische lagen, und sah bisweilen auf den stillen Gregor hin.

»Wir müssen es loszuwerden suchen«, sagte die Schwester nun ausschließlich zum Vater, denn die Mutter hörte in ihrem Husten nichts, »es bringt euch noch beide um, ich sehe es kommen. Wenn man schon so schwer arbeiten muß, wie wir alle, kann man nicht noch zu Hause diese ewige Quälerei ertragen. Ich kann es auch nicht mehr.« Und sie brach so heftig in Weinen aus, daß ihre Tränen auf das Gesicht der Mutter niederflossen, von dem sie sie mit mechanischen Handbewegungen wischte.

»Kind«, sagte der Vater mitleidig und mit auffallendem Verständnis, »was sollen wir aber tun?«

Die Schwester zuckte nur die Achseln zum Zeichen der Ratlosigkeit, die sie nun während des Weinens im Gegensatz zu ihrer früheren Sicherheit ergriffen hatte.

⌜»Wenn er uns verstünde«, sagte der Vater halb fragend; die Schwester schüttelte aus dem Weinen heraus heftig die Hand zum Zeichen, daß daran nicht zu denken sei.

»Wenn er uns verstünde«, wiederholte der Vater und nahm durch Schließen der Augen die Überzeugung der Schwester von der Unmöglichkeit dessen in sich auf, »dann wäre vielleicht ein Übereinkommen mit ihm möglich. Aber so –«⌝

»Weg muß er«, rief die Schwester, »das ist das einzige Mittel, Vater. Du mußt bloß den Gedanken loszuwerden suchen, daß es Gregor ist. Daß wir es so lange geglaubt haben, das ist ja unser eigentliches Unglück. Aber wie kann es denn Gregor sein? Wenn es Gregor wäre, er hätte längst eingesehen, daß ein Zusammenleben von Menschen mit einem solchen Tier nicht möglich ist, und wäre freiwillig fortgegangen. Wir hätten dann keinen Bruder, aber könnten weiter leben und sein Andenken in Ehren halten. So aber verfolgt uns dieses Tier, vertreibt die Zimmerherren, will offenbar die ganze Wohnung einnehmen und uns auf der Gasse übernachten lassen. Sieh nur, Vater«, schrie sie plötzlich auf, »er fängt schon wieder an!« Und in einem für Gregor gänzlich unverständlichen Schrecken verließ die Schwester sogar die Mutter, stieß sich förmlich von ihrem Sessel ab, als wollte sie lieber die Mutter opfern, als in Gregors Nähe bleiben, und eilte hinter den Vater, der, lediglich durch ihr Benehmen erregt, auch aufstand und die Arme wie zum Schutz der Schwester vor ihr halb erhob.

Aber Gregor fiel es doch gar nicht ein, irgend jemandem und gar seiner Schwester angst machen zu wollen. Er hatte bloß angefangen, sich umzudrehen, um in sein Zimmer zurückzuwandern, und das nahm sich allerdings auffallend aus, da er infolge seines leidenden Zustandes bei den schwierigen Umdrehungen mit seinem Kopfe nachhelfen mußte, den er hierbei viele Male hob und gegen den Boden schlug. Er hielt inne und sah sich um. Seine gute Absicht schien erkannt worden zu sein; es war nur ein augenblicklicher Schrecken gewesen. Nun sahen ihn alle schweigend und traurig an. Die Mutter lag, die Beine ausgestreckt und aneinandergedrückt, in ihrem Sessel, die Augen fielen ihr vor Ermattung fast zu; der Vater und die Schwester saßen nebeneinander, die Schwester hatte ihre Hand um des Vaters Hals gelegt.

›Nun darf ich mich schon vielleicht umdrehen‹, dachte Gregor und begann seine Arbeit wieder. Er konnte das

Schnaufen der Anstrengung nicht unterdrücken und mußte auch hie und da ausruhen. Im übrigen drängte ihn auch niemand, es war alles ihm selbst überlassen. Als er die Umdrehung vollendet hatte, fing er sofort an, geradeaus zurückzuwandern. Er staunte über die große Entfernung, die ihn von seinem Zimmer trennte, und begriff gar nicht, wie er bei seiner Schwäche vor kurzer Zeit den gleichen Weg, fast ohne es zu merken, zurückgelegt hatte. Immerfort nur auf rasches Kriechen bedacht, achtete er kaum darauf, daß kein Wort, kein Ausruf seiner Familie ihn störte. Erst als er schon in der Tür war, wendete er den Kopf, nicht vollständig, denn er fühlte den Hals steif werden, immerhin sah er noch, daß sich hinter ihm nichts verändert hatte, nur die Schwester war aufgestanden. Sein letzter Blick streifte die Mutter, die nun völlig eingeschlafen war.

⌜Kaum war er innerhalb seines Zimmers, wurde die Tür eiligst zugedrückt, festgeriegelt und versperrt. Über den plötzlichen Lärm hinter sich erschrak Gregor so, daß ihm die Beinchen einknickten. Es war die Schwester, die sich so beeilt hatte. Aufrecht war sie schon da gestanden und hatte gewartet, leichtfüßig war sie dann vorwärtsgesprungen, Gregor hatte sie gar nicht kommen hören, und ein »Endlich!« rief sie den Eltern zu, ⌜während sie den Schlüssel im Schloß⌝ umdrehte.⌝

›Und jetzt?‹ fragte sich Gregor und sah sich im Dunkeln um. Er machte bald die Entdeckung, daß er sich nun überhaupt nicht mehr rühren konnte. Er wunderte sich darüber nicht, eher kam es ihm unnatürlich vor, daß er sich bis jetzt tatsächlich mit diesen dünnen Beinchen hatte fortbewegen können. Im übrigen fühlte er sich verhältnismäßig behaglich. Er hatte zwar Schmerzen im ganzen Leib, aber ihm war, als würden sie allmählich schwächer und schwächer und würden schließlich ganz vergehen. Den verfaulten Apfel in seinem Rücken und die entzündete Umgebung, die ganz von weichem Staub bedeckt waren, spürte er schon kaum. An seine Familie dachte er mit Rührung und Liebe zurück. Seine Meinung darüber, daß er verschwinden müsse, war womöglich noch entschiedener als die seiner Schwester. In diesem Zustand leeren und friedlichen Nachdenkens blieb er, bis die Turmuhr die dritte Morgenstunde schlug. Den Anfang des allgemeinen Hellerwerdens draußen vor dem Fenster erlebte er noch. Dann sank sein Kopf ohne seinen Willen gänzlich nieder, und aus seinen Nüstern strömte sein letzter Atem schwach hervor.

Als am frühen Morgen die Bedienerin kam – ⌜vor lauter Kraft und Eile schlug sie, wie oft man sie auch schon gebeten hatte, das zu vermeiden, alle Türen derartig zu, daß in der ganzen Wohnung von ihrem Kommen an kein ruhiger Schlaf mehr möglich war⌝ –, fand sie bei ihrem gewöhnlichen kurzen Besuch an Gregor zuerst nichts Besonderes. Sie dachte, er liege absichtlich so unbeweglich da und spiele den Beleidigten; sie traute ihm allen möglichen Verstand* zu. Weil sie zufällig den langen Besen in der Hand hielt, suchte sie mit ihm Gregor von der Tür aus zu kitzeln. Als sich auch da kein Erfolg zeigte, wurde sie ärgerlich und stieß ein wenig in Gregor hinein, und erst als sie ihn ohne jeden Widerstand von seinem Platze geschoben hatte, wurde sie aufmerksam. Als sie bald den wahren Sachverhalt erkannte, machte sie große Augen, pfiff vor sich hin, hielt sich aber nicht lange auf, sondern ⌜riß die Tür des Schlafzimmers auf⌝ und rief mit lauter Stimme in das Dunkel hinein: »Sehen Sie nur mal an, es ist krepiert; da liegt es, ganz und gar krepiert!«

Kalkül, Berechnung

Das Ehepaar Samsa saß im Ehebett aufrecht da und hatte zu tun, den Schrecken über die Bedienerin zu verwinden, ehe es dazu kam, ihre Meldung aufzufassen. Dann aber stiegen Herr und Frau Samsa, jeder auf seiner Seite, eiligst aus dem Bett, Herr Samsa warf die Decke über seine Schultern, Frau Samsa kam nur im Nachthemd hervor; so traten sie in Gregors Zimmer. Inzwischen hatte sich auch die Tür des Wohnzimmers geöffnet, in dem Grete seit dem Einzug der Zimmerherren schlief; sie war völlig angezogen, als hätte sie gar nicht geschlafen, auch ihr bleiches Gesicht schien das zu beweisen. »Tot?« sagte Frau Samsa und sah fragend zur Bedienerin auf, trotzdem sie doch alles selbst prüfen und sogar ohne Prüfung erkennen konnte. »Das will ich meinen«, sagte die Bedienerin und stieß zum Beweis Gregors Leiche mit dem Besen noch ein großes Stück seitwärts. Frau Samsa machte eine Bewegung, als wolle sie den Besen zurückhalten, tat es aber nicht. »Nun«, sagte Herr Samsa, »jetzt können wir Gott danken.« Er bekreuzte sich, und die drei Frauen folgten seinem Beispiel. Grete, die kein Auge von der Leiche wendete, sagte: »Seht nur, wie mager er war. Er hat ja auch schon so lange Zeit nichts gegessen. So wie die Speisen hereinkamen, sind sie wieder hinausgekommen.« Tatsächlich war Gregors Körper vollständig flach und trocken, man erkannte das eigentlich erst jetzt, da er nicht mehr von den Beinchen gehoben war und auch sonst nichts den Blick ablenkte.

»Komm, Grete, auf ein Weilchen zu uns herein«, sagte Frau Samsa mit einem wehmütigen Lächeln, und Grete ging, nicht ohne nach der Leiche zurückzusehen, hinter den Eltern in das Schlafzimmer. Die Bedienerin schloß die Tür und öffnete gänzlich das Fenster. Trotz des frühen Morgens war der frischen Luft schon etwas Lauigkeit beigemischt. Es war eben schon Ende März. Aus ihrem Zimmer traten die drei Zimmerherren und sahen sich erstaunt nach ihrem Frühstück um; man hatte sie vergessen. »Wo ist das Frühstück?« fragte der mittlere der Herren mürrisch die Bedienerin. Diese aber legte den Finger an den Mund und winkte dann hastig und schweigend den Herren zu, sie möchten in Gregors Zimmer kommen. Sie kamen auch und standen dann, die Hände in den Taschen ihrer etwas abgenützten Röckchen, in dem nun schon ganz hellen Zimmer um Gregors Leiche herum.

Da öffnete sich die Tür des Schlafzimmers, und Herr Samsa erschien in seiner Livree, an einem Arm seine Frau, am anderen seine Tochter. Alle waren ein wenig verweint; Grete drückte bisweilen ihr Gesicht an den Arm des Vaters. »Verlassen Sie sofort meine Wohnung!« sagte Herr Samsa und zeigte auf die Tür, ohne die Frauen von sich zu lassen. »Wie meinen Sie das?« sagte der mittlere Herr etwas bestürzt und lächelte süßlich. Die zwei anderen hielten die Hände auf dem Rücken und rieben sie ununterbrochen aneinander, wie in freudiger Erwartung eines großen Streites, der aber für sie günstig ausfallen mußte. »Ich meine es genau so, wie ich es sage«, antwortete Herr Samsa und ging in einer Linie mit seinen zwei Begleiterinnen auf den Zimmerherrn zu. Dieser stand zuerst still da und sah zu Boden, als ob sich die Dinge in seinem Kopf zu einer neuen Ordnung zusammenstellten. »Dann gehen wir also«, sagte er dann und sah zu Herrn Samsa auf, als verlange er in einer plötzlich ihn überkommenden Demut sogar für diesen Entschluß eine neue Genehmigung. Herr Samsa nickte ihm bloß mehrmals kurz mit großen Augen zu. Daraufhin ging der Herr tatsächlich sofort mit langen Schritten ins Vorzimmer; seine beiden Freunde hatten schon ein Weilchen lang mit ganz ruhigen Händen aufgehorcht und hüpften ihm jetzt geradezu nach, wie in Angst, Herr Samsa könnte vor ihnen ins Vorzimmer eintreten und die Verbindung mit ihrem Führer stören. Im Vorzimmer nahmen alle drei die Hüte vom Kleiderrechen*, zogen ihre Stöcke aus dem Stockbehälter, verbeugten sich stumm und verließen die Wohnung. In einem, wie sich zeigte, gänzlich unbegründeten Mißtrauen trat Herr Samsa mit den zwei Frauen auf den Vorplatz hinaus; an das Geländer gelehnt, sahen sie zu, wie die drei Herren zwar langsam, aber ständig die lange Treppe hinunterstiegen, in jedem Stockwerk in einer bestimmten Biegung des Treppenhauses verschwanden und nach ein paar Augenblicken wieder hervorkamen; je tiefer

Aneinanderreihung von Kleiderhaken

sie gelangten, desto mehr verlor sich das Interesse der Familie Samsa für sie, und als ihnen entgegen und dann hoch über sie hinweg ein Fleischergeselle mit der Trage auf dem Kopf in stolzer Haltung heraufstieg, verließ bald Herr Samsa mit den Frauen das Geländer, und alle kehrten, wie erleichtert, in ihre Wohnung zurück.

Sie beschlossen, den heutigen Tag zum Ausruhen und Spazierengehen zu verwenden; sie hatten diese Arbeitsunterbrechung nicht nur verdient, sie brauchten sie sogar unbedingt. Und so setzten sie sich zum Tisch und schrieben drei Entschuldigungsbriefe, Herr Samsa an seine Direktion, Frau Samsa an ihren Auftraggeber und Grete an ihren Prinzipal*. Während des Schreibens kam die Bedienerin herein, um zu sagen, daß sie fortgehe, denn ihre Morgenarbeit war beendet. Die drei Schreibenden nickten zuerst bloß, ohne aufzuschauen, erst als die Bedienerin sich immer noch nicht entfernen wollte, sah man ärgerlich auf. »Nun?« fragte Herr Samsa. Die Bedienerin stand lächelnd in der Tür, als habe sie der Familie ein großes Glück zu melden, werde es aber nur dann tun, wenn sie gründlich ausgefragt werde. Die fast aufrechte kleine Straußfeder auf ihrem Hut, über die sich Herr Samsa schon während ihrer ganzen Dienstzeit ärgerte, schwankte leicht nach allen Richtungen. »Also was wollen Sie eigentlich?« fragte Frau Samsa, vor welcher die Bedienerin noch am meisten Respekt hatte. »Ja,« antwortete die Bedienerin und konnte vor freundlichem Lachen nicht gleich weiterreden, »also darüber, wie das Zeug von nebenan weggeschafft werden soll, müssen Sie sich keine Sorge machen. Es ist schon in Ordnung.« Frau Samsa und Grete beugten sich zu ihren Briefen nieder, als wollten sie weiterschreiben; Herr Samsa, welcher merkte, daß die Bedienerin nun alles ausführlich zu beschreiben anfangen wollte, wehrte dies mit ausgestreckter Hand entschieden ab. Da sie aber nicht erzählen durfte, erinnerte sie sich an die große Eile, die sie hatte,

Lehrherr, Geschäftsinhaber

Dialektale Eindeutschung für frz. »adieu« (= »Gott befohlen«, »Lebe wohl«)

rief offenbar beleidigt: »Adjes* allseits«, drehte sich wild um und verließ unter fürchterlichem Türezuschlagen die Wohnung.

»Abends wird sie entlassen«, sagte Herr Samsa, bekam aber weder von seiner Frau noch von seiner Tochter eine Antwort, denn die Bedienerin schien ihre kaum gewonnene Ruhe wieder gestört zu haben. ⌜Sie erhoben sich, gingen zum Fenster und blieben dort, sich umschlungen haltend.⌝ Herr Samsa drehte sich in seinem Sessel nach ihnen um und beobachtete sie still ein Weilchen. Dann rief er: »Also kommt doch her. Laßt schon endlich die alten Sachen. Und nehmt auch ein wenig Rücksicht auf mich.« Gleich folgten ihm die Frauen, eilten zu ihm, liebkosten ihn und beendeten rasch ihre Briefe.

Dann verließen alle drei gemeinschaftlich die Wohnung, was sie schon seit Monaten nicht getan hatten, und fuhren mit der Elektrischen ins Freie vor die Stadt. Der Wagen, in dem sie allein saßen, war ganz von warmer Sonne durchschienen. Sie besprachen, bequem auf ihren Sitzen zurückgelehnt, die Aussichten für die Zukunft, und es fand sich, daß diese bei näherer Betrachtung durchaus nicht schlecht waren, denn aller drei Anstellungen waren, worüber sie einander eigentlich noch gar nicht ausgefragt hatten, überaus günstig und besonders für später vielversprechend. Die größte augenblickliche Besserung der Lage mußte sich natürlich leicht durch einen Wohnungswechsel ergeben; sie wollten nun eine kleinere und billigere, aber besser gelegene und überhaupt praktischere Wohnung nehmen, als es die jetzige, noch von Gregor ausgesuchte war. Während sie sich so unterhielten, fiel es Herrn und Frau Samsa im Anblick ihrer immer lebhafter werdenden Tochter fast gleichzeitig ein, wie sie in der letzten Zeit trotz aller Plage, die ihre Wangen bleich gemacht hatte, zu einem schönen und üppigen Mädchen aufgeblüht war. Stiller werdend und fast unbewußt durch Blicke sich verständigend, dachten sie daran, daß es nun Zeit sein werde, auch einen braven Mann für sie zu suchen. Und es war ihnen wie eine Bestätigung ihrer neuen Träume und guten Absichten, als am Ziele ihrer Fahrt die Tochter als erste sich erhob und ihren jungen Körper dehnte.

Kommentar

»Bettvieh«

Franz Kafkas Erzählung Die Verwandlung *in ihrer produktästhetischen Bedeutung*

Die Konzeption von Kafkas Erzählung *Die Verwandlung* fällt in die Zeit zwischen dem 1. und dem 17. November 1912. Sieben Wochen vorher, in der Nacht vom 22. auf den 23. September, hatte Franz Kafka (1883–1924) *Das Urteil* geschrieben, jene Erzählung, die er zeitlebens als Maßstab gelingenden Schreibens ansehen wird und in der der für sein Leben zentrale Konflikt zum Ausdruck gekommen war. Aktuell arbeitet Kafka seit eineinhalb Monaten an dem Roman *Der Verschollene*; schließlich währt seit zwei Monaten die Beziehung zu Felice Bauer (1887–1960), mit der er seit dem 20. September einen intensiven Briefwechsel unterhält.

Der Roman, die gelungene Erzählung und der Briefverkehr bilden die Orientierung für eine Existenz, die sich nur einer einzigen Aufgabe verpflichtet sieht: dem Schreiben. Die familiären und beruflichen Anforderungen – Kafka geht einer Tätigkeit als »Koncipist« in der »Arbeiter-Unfall-Versicherungs-Anstalt für das Königreich Böhmen in Prag« nach und wohnt zusammen mit Eltern und Schwestern im »Haus zum Schiff« in der Niklasstraße 36 – stehen in diametralem Gegensatz zu den Umständen, die er sich für sein Schreiben ersehnt. *Der Verschollene* handelt denn auch von einem jungen Mann, der die Heimat verlässt und nach Amerika auswandert. Ein konkreteres Versprechen auf Selbständigkeit, Ablösung von der Familie, vielleicht gar Weggang aus Prag verband sich jedoch mit Felice Bauer. Aber die über vier Jahre währende Korrespondenz wird sich zu keinem Zeitpunkt aus ihrer literarischen Prädisposition befreien, was sich darauf zurückführen lässt, dass Kafka, zwei Tage nachdem er den ersten Brief an Felice verfasst hat, die Erzählung *Das Urteil* glückt. Die Korrespondenz, die viele Briefe enthält, die auf denselben Tag datiert sind, also einen fast stündlichen Zustandsbericht der Beziehung wiedergibt, birgt die Chronologie einer Reihe von Krisen. Die erste, die gleich eine der heftigsten ist, beginnt am 8. November und kann erst mit einem Brief vom 17. November als bereinigt angesehen werden. In diesen Zeitabschnitt fallen Konzeption und Anfang der *Verwandlung*.

Kafkas Schreibideal

Bei der Niederschrift des *Urteils* hatte Kafka sein Schreibideal, die »in einem Zuge« gelingende Verschriftlichung, gefunden und verwirklicht. »Nur so kann geschrieben werden«, stellte er danach apodiktisch fest. Die rauschhafte Entäußerung aber war an das Zeitmaß einiger Nachtstunden gebunden, während deren der Text in sich geschlossen zu glücken hatte. Wie aber konnte das für einen Roman aufzuwendende Zeitmaß mit einem poetologischen Konzept des textlichen Handstreichs zur Deckung gebracht werden, das doch allein für Kurzprosa geeignet erscheinen musste? Große epische Bögen entstehen nicht im Zuge eines ekstatischen Schreibakts, es sei denn, der Romancier vertraute auf ganze Serien »ekstatischer Nächte«. Genau dies ist Kafkas Problem zum Zeitpunkt der Entstehung von *Die Verwandlung*; rückblickend auf die Nacht, in der *Das Urteil* entstand, stellt er fest:

> »Die beständige Überzeugung, daß ich mich mit meinem Romanschreiben in schändlichen Niederungen des Schreibens befinde. Nur so kann geschrieben werden, nur in einem solchen Zusammenhang, mit solcher vollständigen Öffnung des Leibes und der Seele.«

Diesem Konflikt wird Kafka sein Leben lang unterworfen bleiben. Seine literarische Produktion, auch die der Romane, blieb an exorbitante Ausnahmezustände gebunden, in denen er sich restlos verausgabte. In den Zeitphasen zwischen den Schreibschüben lebte er oft literaturfern, manchmal gewillt, sich ganz vom Schreiben abzuwenden.

Schriftverfallene Existenz

Dennoch bleibt seine Existenz auch dann auf »Schrift« ausgerichtet, wenn sie sich nicht als buchstäbliche Zeichenfolge auf dem Papier niederschlägt. Kafkas Bemerkung, er interessiere sich nicht für Literatur, er *sei* Literatur, ist keineswegs als Bonmot aufzufassen. Wenn die Schrift nicht auf das Papier gelangt, agiert er deren Gesetze auf andere, körperliche Art und durch Traumarbeit aus. Er unterwirft seine vitalen Äußerungen systematisch den Techniken und Ritualen einer elementaren *Grafie*, mit deren Hilfe er die ersehnten Schreibekstasen zu beschwören und gleichzeitig zu bannen sucht. *Die Verwandlung* artikuliert das Bewusstsein von der Verfallenheit an diese Form der Produktion. Die Erzählung enthält damit das Gegenstück zu der immanenten Poetologie von *Das Urteil.* Sie bringt die dem Schreibrausch vorangehenden und in ihm übergangenen Zustände ins Bild. *Die Verwandlung* birgt Mitteilungen von jenen abseits und fern des Schreibtischs geleisteten Kraftakten einer der Schrift verfallenen Existenz. Es gibt keinen Schriftsteller, dem das Schreiben zu einem derart archaischen Akt geraten wäre, wie Kafka. Denn auch wenn er nicht schrieb, waren Handeln und Gebaren auf eine Anbahnung von Zeichen ausgerichtet: ein Signarakt in Permanenz, der sich, wenn die eigentliche Niederschrift nicht gelang, diesseits oder jenseits des ausbleibenden Textes fortsetzte.

Produktionsästhetik

Das monströse Wesen, in das Gregor Samsa verwandelt wird, ist eine in verschiedener Weise interpretierbare Schreckgestalt; in produktionsästhetischer Hinsicht aber stellt es eine schreibstrategische Ausgeburt dar, Spiegelbild der körperlichen Zustände, in denen Kafka die produktiven *Niederungen* zwischen den einzelnen ekstatischen *Erhebungen* überdauerte. Insofern ist das »Ungeziefer« Resultat der Anstrengung, die aktualistische Verdichtung der Produktion mit dem Zeitmaß epischer Frist zu vermitteln.

I.

Kodex von Gesten

Der Kritiker Oskar Walzel hat schon früh auf die Bedeutung des Gestischen für Kafkas Texte hingewiesen. Nach ihm begann Walter Benjamin (1892–1940), dessen Werk als einen *Kodex von Gesten* zu erschließen, ein Ansatz, der später von Gilles Deleuze (1925–1995) und Felix Guattari fortgesetzt wurde. Auf Benjamins These des *Kodex von Gesten* eingehend, hat wiederum Theodor W. Adorno (1903–1969) auf die Nähe hingewiesen, die Kafkas Ästhetik zum Stummfilm hält. Seine Literatur, so Adorno, liefere »die letzten, verschwindenden Verbindungstexte zum stummen Film (der nicht umsonst fast genau gleichzeitig mit Kafkas Tod verschwand)«. Danach ist die »Zweideutigkeit der Geste« für die Texte Kafkas initial: Die Geste ist mit

»Stummheit« geschlagen, der sie aber gleichzeitig eine allgemein ansprechende und wirksame Expressivität verdankt, durch welche sie sich der unmittelbaren Mitteilungskraft der Musik annähert. Der Gestus, schreibt Adorno, rangiert zwischen dem »Versinken in Stummheit und dem Sicherheben aus ihr in Musik«. Kafkas Schreiben, so darf man aus Adornos Theorie der »Verbindungstexte« folgern, steht also unter *gestisch-musikalischem Anspruch*. Besser zugänglich wird diese Feststellung, wenn man zwei Vorlieben Kafkas erwähnt: zum einen sein Zeichnen, dessen Ergebnisse von ihm selbst stets als *Kritzeleien* abgetan wurden (1.), und zum anderen sein passioniertes Vorlesen, das ihm, folgt man seinen Aussagen, ekstatische Augenblicke verschafft hat (2.).

Grafischer Duktus der Handschrift

1. Die Veröffentlichung der Texte Kafkas geriet im Zusammenhang neuer Editionen seines Werkes zu einem problematischen Unterfangen, weil inzwischen die Handschrift selbst, ihr grafischer Duktus, als äußerst bedeutsam erkannt wurde. Der Bedeutungsgehalt der Handschrift konfligiert mit der Funktion der Schrift, wie sie das typografisch standardisierte Alphabet vorsieht, welches von einer individuellen Gestaltung der einzelnen Buchstaben abstrahiert und sie ausschließlich als Repräsentanten von akustischen Lauten anerkennt. Bei Kafka aber spielt die individuelle grafische Eigenart der Schrift die Rolle eines selbständigen Bedeutungsträgers. Der grafische Duktus ist beeinflusst von einem dem zeichnerischen Strich verpflichteten Ausdrucksbedürfnis und Bewegungsbewusstsein. Bei Kafka ist Schrift stets auf bestimmte Bewegungsfantasien bezogen. Es ist dies Folge seines permanenten Versuchs der *Verwandlung* von Leben in Schrift. Seine Zeichnungen, die trotz ihrer Bedeutung für den Duktus seines Schreibens nirgends ausführlich gewürdigt worden sind, belegen diesen Zusammenhang von Grafie, Gestik und Bewegung in schlagender Weise. (Angesichts der poetologischen Bedeutung des grafischen Gestus muss es als Desiderat der Kafka-Rezeption gelten, dass alle Zeichnungen zusammengefasst und kommentiert werden. Eine Reihe von Skizzen sind durch Abbildungen auf Taschenbuchausgaben bekannt geworden; andere überlieferte Max Brod (1884–1968), der sie teilweise von den Rändern der Kolleghefte Kafkas abgeschnitten hat.)

Betrachtet man diese Zeichnungen unter dem Aspekt der *Stummheit des Gestus*, offenbaren sich Stereotypen seines *Kodex von Gesten*. In den Zeichnungen manifestieren sich die gestisch stummen Vorstufen, aber auch die musikalisch beredten Ergänzungen der Schriftzüge. Kafkas Strichmännchen sind Bewegungschiffren und motorische Diagramme zugleich. Sie lassen sich in »prämobile« und »hypermobile« Figurinen einteilen. Die prämobilen sind »diesseits«, die hypermobilen »jenseits« der Schrift anzusiedeln. Die Schrift hat bei Kafka stets Schwellencharakter, d. h., sie übt einen Bann aus und wird – gelingt es, sich der ihr innewohnenden Dynamik zu bemächtigen – zum allesüberwindenden Vehikel. »Diesseits« der Schrift ist das Verharren in gestisch-stummer Bewegungslosigkeit, »jenseits« der Schrift die von überschießender Bewegungswut angetriebene und / oder von fremden Kräften, wie beispielsweise dem Wind, fortgerissene Gestalt zu lokalisieren. Zeichnungen

2. Kafka faszinierte als Rezitator der eigenen Texte. Ohne Zweifel ist seine Prosa mehr oder weniger bewusst auf den Moment ihrer mündlichen Wiedergabe hin gearbeitet. Entsprechend ist der »Satz« bei Kafka zu allerletzt eine syntaktische Kategorie. Dies wird deutlich in seinen Beschreibungen von Vorträgen oder Rezitationen, die niemals den Inhalt des Gehörten, sondern die gestische Anmutung zum Gegenstand haben, die ihm beim Zuhören zuteil wurde; so etwa im Fall des Anthroposophen Rudolf Steiner (1861–1925), an dessen Vortrag Kafka das »Auslassen des Schlußpunktes« auffällt: Kafka als Rezitator

> »Im allgemeinen fängt der gesprochene Satz mit seinem großen Anfangsbuchstaben beim Redner an, biegt sich in seinem Verlaufe, so weit er kann zu den Zuhörern hinaus und kehrt mit seinem Schlußpunkt zu dem Redner zurück. Wird aber der Punkt ausgelassen, dann weht der nicht mehr gehaltene Satz unmittelbar mit dem ganzen Atem den Zuhörer an.«

In Kafkas Wahrnehmung erscheint der »Satz« als ein elastischer »Bogen« aus stimmlich wahrnehmbar gemachter Luftbewegung, die von Satzzeichen beherrscht, d. h. begrenzt wird. Die Kunst des Rhetors besteht im geschickten Einsatz der Satzzeichen als Wendepunkte, die der Begrenztheit des Atems derart Rechnung tragen müssen, dass eine überindividuelle Dynamik

angedeutet bleibt. Phonetische Dynamik und Pathos der Aussage werden also in einem durchgehenden Bewegungsablauf inszeniert, die Satzphrasen als Aggregat von Elementen der Hemmung und der Dynamisierung visualisiert.
Die Übersetzung des Gehörten ins Bild erfolgt reflexartig. In allen Wörtern und Sätzen schlägt für Kafkas Ohr ein Bewegungsschema durch, das sich sofort zum Bild formiert. Die außerordentliche Empfindlichkeit sprachlichen Äußerungen gegenüber, die Kafka zu einer Art »Nervenwaage« für Wörter macht, hat ihren Grund in diesen spontanen *imaginären Skizzen*, in die seine Wahrnehmung das (ihn) anfallende Wortmaterial umformt. Diese Skizzen enthalten die Impulse, die Kafka veranlassen, »die Feder anzusetzen«. Gelingt es dabei nicht, sie in den Schriftzug zu übersetzen, werden »prämobile«, ist die Dynamik zu groß, werden »hypermobile« *Kritzeleien* daraus. Diesseits der grafischen Äußerung aber warten Traum und Bett als Medium und Ort der Auflösung motorischer Besetzungen, jenseits ihrer »die Gasse« als Rennbahn ihrer Entladung.

II.

Der Gruftwächter

Das Dramenfragment *Der Gruftwächter* (1917) stellt Kafkas einzigen größeren Versuch dar, ein Bühnenstück zu verfassen. Der Gruftwächter ist ein Art Untoter und bewacht die Grenze zwischen Lebenden und Gestorbenen. Da er nur über geringe Kräfte verfügt, muss er seinen Dienst liegend versehen. In Decken gewickelt lagert er auf dem Bett, *Bettvieh* nennen ihn deshalb auch die bei ihm vorsprechenden Herren. Jede Nacht kämpft der Gruftwächter mit toten Herrschern, die ihr Grab verlassen wollen; jede Nacht liefert er sich einen Ringkampf mit Herzog Friedrich, um diesen im Reich der Toten zu halten. Gekämpft wird ohne Waffen, nur mit den Fäusten, oder allein mit der Atemkraft. Der Gruftwächter ist wie der Titelheld von Kafkas Erzählung *Der Jäger Gracchus* (1917) Figur eines Zwischenreichs, das in Kafkas Werk eine bedeutende Rolle spielt. Während Gracchus in einem Kahn liegend durch die Unterwelt treibt – unfähig, ins Leben zurückzukehren, dabei der Gnade des Todes verlustig –, teilt der Gruftwächter den Ort seines Daseins zwischen Leben und Tod mit dem bevorzugten Aufenthaltsort seines Erfinders. »Das Bett«, so stellt Gerhard Kurz fest, »ist bei Kafka leitmotivisch Ort des Todes und der Wiedergeburt, der Wahrheit und der Offenbarung.« Und Hans-Gerd Koch weist darauf hin, dass das Bett bei Kafka derjenige Ort ist, »um den herum er in fast allen seinen Texten die entscheidenden Szenen gruppiert: das Bett oder ersatzweise das Kanapee«. Am Bett des Vaters findet in *Das Urteil* die entscheidende Aussprache statt, und Gregor Samsas Schicksal erfüllt sich im Bannkreis des Kanapees.

Das Bett im motivischen Kontext

Dem Stellenwert des Bettes im motivischen Kontext des Werkes entspricht seine Bedeutung im Rahmen von Kafkas Prozeduren bei der Anbahnung seiner Texte. Bett und Kanapee bilden den Limbus (= Ort des jenseitigen Aufenthalts) zum Bezirk des Schreibens, den der Schreibtisch repräsentiert. Wie der Gruftwächter kämpft Kafka im Liegen und oft nur mittels des Atems mit den Ausgeburten seiner Halbschlaffantasien und um die Traumimpulse für die Fortsetzung des wenige Schritte, aber manchmal »Weltalter« entfernt liegenden *Skripts*. Zu seiner Art der Produktion gehört konstitutiv die Existenz als »Bettvieh«. Die Beschimpfung, die der Gruftwächter über sich ergehen lassen muss, stellt eine bezeichnende Reminiszenz an die *Verwandlung* dar, denn ein »Bettvieh« ist »eines Morgens« auch Gregor Samsa geworden.

III.

Dass Gregor Samsa als Infiguration eines bestimmten, nicht zu umgehenden Zustands zu begreifen ist, der sich Kafka als Konstante seines Schreibprozesses herausstellte, lässt sich ausgehend von einer wichtigen Stelle des Briefwechsels mit Felice zeigen. Anläßlich einer Krise, die zeitgleich mit der Konzeption der *Verwandlung* im Verhältnis zu Felice auftrat, revidiert Kafka briefliche Bemerkungen, die auf Trennung und Beendigung der Korrespondenz abzielten. Den fraglichen Brief, so teilt er Felice mit, habe er im Bett geschrieben:

Schreibprozess

»[D]er letzte Brief z. B., der war nicht geschrieben, der war – verzeih den Ausdruck – erbrochen; ich lag im Bett und er fiel mir nicht in der Folge der Sätze ein, sondern *als einziger, in schrecklicher Spannung sich befindlicher Satz*, der mich töten zu wollen schien, wenn ich ihn nicht niederschrieb.«

Der Satz-Einfall unterliegt dem Gesetz vertikaler Statik; er verdankt sich dem prämobilen Zustand des Liegens, dessen sich steigernde Intensität die Mitteilung fordert; diese aber wird blockiert, weil sie den Verlust der Authentizität des »Satzes« bedeutet. Konsequent wird demgegenüber die schließlich doch erfolgende Verschriftlichung als horizontale Entäußerung geschildert, deren entfremdende Dynamik gleichzeitig als Entlastung spürbar wird:

»Als ich dann wirklich schrieb, war es nicht mehr so arg, ich suchte schon mehr zusammen, folgte den Erinnerungen und strichweise gingen schon kleine tröstliche Unwahrheiten durch den Brief. Aber mit welcher Leichtigkeit trug ich ihn auf die Bahn, mit welcher Eile warf ich ihn ein, wie ging ich nachhause als ein unglückseliger, aber schließlich doch lebendiger Mensch, bis mich wieder die fürchterlichen zwei Stunden vor dem Einschlafen zu anderer Besinnung brachten.«

Man sieht: Nicht die üblichen Angelegenheiten von Liebenden werden erläutert, den Inhalt des Briefes bildet der Vorgang des Schreibens selbst. Die Ablenkung der Mitteilung auf den ihr zu Grunde liegenden Prozess ist charakteristisch für den Briefwechsel mit Felice. Der Schreibprozess in all seinen Phasen wird erläutert und analysiert, wobei dieser Prozess nicht auf den Vorgang am Schreibtisch beschränkt bleibt, sondern sich ausweitet, Vorgänge erfasst, die nicht zu ihm zu gehören scheinen und sich Zug um Zug den gesamten Tagesablauf aneignet.

Die Tendenz des Schreibakts, sich zu totalisieren und sich noch die banalsten Verrichtungen zu unterwerfen, ist aber schon das Generalthema in den Tagebüchern der Zeit vor der Nacht, in der *Das Urteil* entsteht. Dies zeigt beispielsweise ein Eintrag vom 15. November 1911, genau ein Jahr vor der »Brief-Krise«:

»Gestern abend schon mit einem Vorgefühl die Decke vom Bett gezogen, mich gelegt und wieder aller einer Fähigkeiten bewußt geworden, als hielte ich sie in der Hand; sie spannten mir die Brust, sie entflammten mir den Kopf, ein Weilchen wiederholte ich, um mich darüber zu trösten, daß ich nicht aufstand, um zu arbeiten: ›Das kann nicht gesund sein‹, und wollte den Schlaf mit fast sichtbarer Absicht mir über den Kopf ziehn. [...] Wieviel habe ich gestern verloren, wie drückte sich das Blut im engen Kopf, fähig zu allem, und nur gehalten von Kräften, die für mein bloßes Leben unentbehrlich sind und hier verschwendet werden.«

Die Beschreibung der unerträglichen, gleichwohl niedergehaltenen Schreib-Spannung während des Liegens findet sich ganz ähnlich im Brief an Felice wieder; desgleichen nimmt das Tagebuch die Klage über die Inkohärenz und den Bedeutungsschwund des eigentlichen Schreibakts vorweg:

»Sicher ist, daß alles, was ich im voraus selbst im guten Gefühl Wort für Wort oder sogar nur beiläufig, aber in ausdrücklichen Worten erfunden habe, auf dem Schreibtisch beim Versuch des Niederschreibens trocken, verkehrt, unbeweglich, der ganzen Umgebung hinderlich, ängstlich, v. a. aber lückenhaft erscheint, trotzdem von der ursprünglichen Erfindung nichts vergessen worden ist. Es liegt natürlich zum großen Teil daran, daß ich frei vom Papier nur in der Zeit der *Erhebung*, die ich mehr fürchte als ersehne, wie sehr ich sie auch ersehene, Gutes erfinde, daß dann aber die Fülle so groß ist, daß ich verzichten muß, blindlings also nehme, nur dem Zufall nach, aus der Strömung heraus, griffweise, so daß diese Erwerbung beim überlegten Niederschreiben nichts ist im Vergleich zur Fülle, in der sie lebte, unfähig, diese Fülle herbeizubringen, und daher schlecht und störend ist, weil sie nutzlos lockt.«

In den Briefen an Felice wird Stück für Stück aus dem im davor entstandenen Tagebuch oft hilflos umkreisten schreibbedingten Zustandswechseln eine kohärente Schreibstrategie: Schlaf – Bett – Schreibtisch – »auf die Gasse« – zurück ins Bett und (wenn möglich wieder) in den Schlaf: Der Wechsel der Zustände, den Kafka nun den »Wellengang des Schreibens« nennt, vollzieht sich entlang einer Linie zunehmender Mobilität, deren finale Phase der Brieftransfer darstellt; zurückgekehrt in der Statik des Liegens im Bett und in den hypnagogischen (= in den Schlaf führenden) Zustand erscheint die auf dem Postweg sich entfer- Schreibstrategie nende Botschaft als bedrohlich, weil vom initialen Impuls der Äußerung unbeeinflussbar abgetrennt. »Andere Besinnung« ist die Folge, ein neuer Brief muss dem abgeschickten nachgesandt werden, um diesen in seiner zunehmenden Verselbständigung aufzuhalten. Wenn es aber dabei gelingt, statt der Adressatin ein räumlich und zeitlich fernes Publikum als »Ziel« einzusetzen, können mit dieser Technik auch lange Passagen Prosa entstehen.

IV.

Schöpferische Erhebung und Niederlage

Trotz des für den Helden tödlichen Ausgangs war die poetologische Botschaft, die Kafka aus der Entstehung des *Urteils* empfing, euphorisierend: Die Geschichte des jungen Kaufmanns Georg Bendemann verband er zeitlebens mit dem Zustand einer exemplarischen schöpferischen *Erhebung*. Der poetologisch-produktionsästhetische Gehalt der *Verwandlung* hingegen ist der der *Niederlage* in des Wortes direkter Bedeutung. Als Leitfigur der Entstehung von *Das Urteil* und damit Inbild der *Erhebung* kann die Freiheitsstatue gelten, die Karl Roßmann bei der Einfahrt in den Hafen von New York zu Gesicht bekommt; schemenhaft hatte Kafka deren Gestalt in Form von vier Brückenfiguren vor sich, die den Prospekt vor seinem Fenster bei der Arbeit am *Urteil* und an *Der Verschollene* dominierten. Das Gegenbild der *Erhebung* verheißenden, Luft und Höhe beherrschenden »Freiheit« aber ist das *Bettvieh*, in das Gregor Samsa für immer, sein Schöpfer mehrmals am Tag verwandelt werden. Verständlich wird nun auch, warum sich Kafka vehement gegen eine Abbildung des »Käfers« auf dem Umschlag der Buches wehrte. Das »Ungeziefer« repräsentiert sehr viel mehr als eine Zeichnung hätte zeigen können, u. a. eben auch jenen für die Produktionsweise des Schriftstellers bedeutsamen Dämmer- und Halbschlafzustand. Vom »Aussehen« des »Ungeziefers« gewinnt man nur eine Vorstellung, wenn man jenen *gestisch-musikalischen Anspruch* mit einbezieht, unter dem Kafkas Schreiben steht und der sich in seiner Wahrnehmung als spontane Verwandlung des Gehörten in gestische Skizzen oder umgekehrt als Auflösung der Gesten in musikalische Dynamik manifestiert. Dieser gestisch-musikalische Antagonismus liegt dem Hin und

Her von *Erhebung* und *Niederlage* zu Grunde, wie es Kafkas Schaffensprozess bestimmt.

Gregor Samsa als Infiguration des Schreibprozesses

Vom verwandelten Gregor wird berichtet, wie schwer ihm zu Anfang die Koordination seiner ihm plötzlich zugewachsenen Körperteile fällt. Körperliche Hilflosigkeit und ataktische Immobilität bedrängen ihn. Auf Kafkas »Traumphasen« bezogen, mit denen er gezielt den Tagesablauf unterbrach, handelt es sich um die Darstellung jenes motorisch dysfunktionalen Zustands, der in verschiedenen Graden der Auflösung muskulärer Koordination das Schlafbewusstsein kennzeichnet. Die Gestalt des Käfers, in den verwandelt Gregor Samsa erwacht, ist also Ausgeburt des die Traumarbeit stützenden und schützenden imaginären Körperschemas, Inbild des prämobilen Zustands, in dem Kafka die initialen Sätze seiner Texte erbrütete, aber auch der Spannung, die es mit sich brachte, den glücklichen Augenblick abzupassen, in dem das *Versinken in Stummheit* in ein *Sicherheben-in-Musik* überging.

Kafka hat das Hin und Her von *Niederlage* und *Erhebung* später im Ton schicksalhafter Abgefundenheit als sein ureigenes Lebensgesetz formuliert:

> »Am Sicherheben hindert ihn eine gewisse Schwere, ein Gefühl des Gesichertseins für jeden Fall, die Ahnung eines Lagers, das ihm bereitet ist und nur ihm gehört; am Stilleliegen aber hindert ihn eine Unruhe, die ihn vom Lager jagt, es hindert ihn das Gewissen, das endlos schlagende Herz, die Angst vor dem Tod und das Verlangen, ihn zu widerlegen, alles das läßt ihn nicht ruhen und er erhebt sich wieder. Dieses Auf und Ab und einige auf diesen Wegen gemachte zufällige, flüchtige, abseitige Beobachtungen sind sein Leben.«

Zur Zeit der Erarbeitung der *Verwandlung* nennt Kafka »dieses Auf und Ab« den *Wellengang des Schreibens.*

V.

> »Liebste, ich lese nämlich höllisch gerne vor, in vorbereitete und aufmerksame Ohren der Zuhörer zu brüllen, tut dem armen Herzen so wohl. Ich habe sie aber auch tüchtig angebrüllt und die Musik, die von den Nebensälen her mir die

Mühe des Vorlesens abnehmen wollte, habe ich einfach fortgeblasen. Weißt Du, Menschen kommandieren oder wenigstens an sein Kommando zu glauben – es gibt kein größeres Wohlbehagen für den Körper. Als Kind – vor ein paar Jahren war ich es noch – träumte ich gern davon, in einem großen mit Menschen angefüllten Saal – allerdings ausgestattet mit einer etwas größern Herz-, Stimm- und Geisteskraft als ich sie augenblicklich hatte – die ganze ›Éducation sentimentale‹ ohne Unterbrechung so viele Tage und Nächte lang, als sich für notwendig ergeben würde, natürlich französisch (o du meine liebe Aussprache!) vorzulesen und die Wände sollten widerhallen. Wann immer ich gesprochen habe, reden ist wohl noch besser als vorlesen (selten genug ist es gewesen) habe ich diese Erhebung gefühlt.«

Diesen anschaulichen Bericht von seiner Leidenschaft für das Vorlesen gibt Kafka Felice in einem Brief, in dem er ihr wieder einmal mitteilt, dass er gerade die Arbeit an der *Verwandlung* unterbrochen hat: Hier der abgebrochene Text, dessen unzeitige, die Fülle des Einfalls verratende Realisation gefürchtet wird, dort die Aussicht auf die herrliche Erhebung, wenn der Text zu Gehör gebracht endlich aus seinen gestischen Bindungen gelöst werden kann. Die geäußerte Hoffnung erfüllt sich, auch von der Lesung der *Verwandlung* kann Kafka Felice schließlich informieren:

»Nur ein paar Worte, Liebste. Ein schöner Abend bei Max. Ich las mich an meiner Geschichte in Raserei. Wir haben es uns dann wohl sein lassen und viel gelacht. Wenn man Türen und Fenster gegen diese Welt absperrt, läßt sich doch hie und da der Schein und fast der Anfang einer Wirklichkeit eines schönen Daseins erzeugen.«

Oskar Baum, ein enger Freund Kafkas, war blind. Von ihm existiert eine Beschreibung der Wirkung, die Kafkas stimmlicher Vortrag auf die Zuhörer auszuüben vermochte; so lässt sich seinem eigenen Bericht über die Rezitation die »Gegenperspektive« eines sensiblen, ganz auf sein Gehör angewiesenen und auf Nuancen des Stimmlichen besonders eingestellten Zuhörers anfügen. Baum berichtet:

»Wenn er vorlas – das war seine besondere Leidenschaft –

dann unterordnete sich der Ausdruck des einzelnen Worts bei voller Klarheit jedes Lauts, in zuweilen schwindelerregendem Zungentempo, ganz einer musikalischen Breite der Phrasierung von endlos, endlos langem Atem und gewaltig sich steigernden Crescendi der dynamischen Terrassen – wie ihn ja auch seine Prosa hat, deren abgeschlossene Stücke zuweilen [. . .] im *Wunderbau eines einzigen Satzes* gewachsen sind.«

Zur Erinnerung: An Felice schrieb Kafka über die Qual, die ihm der Brief an sie im Zustand seiner Konzeption, ausgebrütet im Bett, bereitet hatte: »[D]er letzte Brief [. . .] fiel mir nicht in der Folge der Sätze ein, sondern als einziger, *in schrecklicher Spannung sich befindlicher Satz*, der mich töten zu wollen schien, wenn ich ihn nicht niederschrieb.« So lässt sich erkennen: Der dem Schreibakt vorangehende unerträgliche Intensitätszustand einer gestisch-konzeptionell gebundenen Satzphrase befreit sich im »Schreiakt« des Vorlesens endlich zu musikalischer Erhebung.

Entstehungs- und Textgeschichte

In späteren Jahren hat Kafka das Jahr 1912 als die entscheidende Wende in seinem Leben bezeichnet. Bis dahin, so schien es ihm im Nachhinein, wäre es möglich gewesen, Prag zu verlassen und dem heimatlichen Dunstkreis zu entkommen – ein Kraftakt, von dem er annahm, dass er ihn vor den später folgenden Lebenskatastrophen bewahrt hätte. »Wir hatten damals«, so schreibt er an Max Brod, »jene [. . .] unschuldige Unschuld und die bösen Mächte, in gutem oder schlimmen Auftrag, betasteten erst leicht die Eingänge, durch die sie einmal einzubrechen sich schon unerträglich freuten.«

Tatsächlich markieren der Sommer und der Herbst 1912 wichtige Zäsuren sowohl in Kafkas Leben als auch in seinem Werk.

Felice Bauer

Am 13. August lernt er Felice Bauer kennen, die leitende Angestellte der Berliner »Carl Lindström A. G.«, einer Firma, die Diktiergeräte und Parlografen herstellte. Noch am Abend des ersten Treffens versprechen sie sich, gemeinsam eine Reise nach Palästina zu unternehmen, dem Land, welches für Kafka ein besseres und wahres Leben fern von Prag und der Familie bedeutet. Mit Felice Bauer wird sich Kafka zweimal verloben, und er wird ihr zwischen September 1912 und Oktober 1917 Hunderte von Briefen schreiben.

Unter dem Eindruck der Veröffentlichung seines ersten Buches, der *Betrachtung* (1912), v. a. aber fasziniert von der Begegnung mit Felice steigert sich Kafka im Herbst in einen wahren Schreibrausch: In den 74 Tagen zwischen dem 22. September und dem 6. Dezember 1912 entstehen über 400 Seiten Manuskript, Kafka verfasst 60 Briefe an Felice Bauer, von denen einige mehr als zehn Seiten umfassen, und er schreibt die beiden Erzählungen *Das Urteil* und *Die Verwandlung*.

Das Schreibideal

Die Erzählung *Das Urteil*, daran hat Kafka nie einen Zweifel gelassen, ist der Text seiner eigentlichen schriftstellerischen Initiation.

»In jener Geschichte hängt jeder Satz, jedes Wort, jede – wenn's erlaubt ist – Musik mit der ›Angst‹ zusammen, damals brach die Wunde zum erstenmal auf in einer langen Nacht« (Jürgen Born / Michael Müller (Hg.): *Franz Kafka: Briefe an Milena*. Frankfurt/M. 1995, S. 235).

In der »langen Nacht« vom 22. auf den 23. September gewann Kafka sein Ideal literarischer Produktion, dem er nach eigener Aussage später nie mehr genügen konnte. In der Erinnerung an die einmal in höchster Intensität erfahrene Schreibekstase neigte er stets dazu, seine in den folgenden Jahren entstandenen Arbeiten radikal abzuwerten. Nur wenige Stunden nach der Niederschrift von *Das Urteil* hielt Kafka den Entstehungsprozess und die Begleitumstände im Tagebuch fest:

Das Urteil

»Diese Geschichte ›das Urteil‹ habe ich in der Nacht vom 22 zum 23 von 10 Uhr abends bis 6 Uhr früh in einem Zug geschrieben. Die vom Sitzen steif gewordenen Beine konnte ich kaum unter dem Schreibtisch hervorziehn [!]. Die fürchterliche Anstrengung und Freude, wie sich die Geschichte vor mir entwickelte wie ich in einem Gewässer vorwärtskam. Mehrmals in dieser Nacht trug ich mein Gewicht auf dem Rücken. Wie alles gewagt werden kann, wie für alle, für die fremdesten Einfälle ein großes Feuer bereitet ist, in dem sie vergehn [!] und auferstehn [!]. Wie es vor dem Fenster blau wurde. Ein Wagen fuhr. Zwei Männer über die Brücke giengen [!]. Um 2 Uhr schaute ich zum letztenmal auf die Uhr. Wie das Dienstmädchen zum ersten Mal durchs Vorzimmer gieng [!], schrieb ich den letzten Satz nieder. Auslöschen der Lampe und Tageshelle. Die leichten Herzschmerzen. Die in der Mitte der Nacht vergehende Müdigkeit. Das zitternde Eintreten ins Zimmer der Schwestern. Vorlesung. Vorher das Sichstrecken vor dem Dienstmädchen und Sagen: ›Ich habe bis jetzt geschrieben‹. Das Aussehen des unberührten Bettes, als sei es jetzt hereingetragen worden. Die beständige Überzeugung, daß ich mich mit meinem Romanschreiben in schändlichen Niederungen des Schreibens befinde. Nur so kann geschrieben werden, nur in einem solchen Zusammenhang, mit solcher vollständigen Öffnung des Leibes und der Seele« (Franz Kafka: *Gesammelte Werke in zwölf Bänden*. Nach der Kritischen Ausgabe hg. v. Hans-Gerd Koch. Bd. 2, S. 101).

Bei dem Roman, dessen »schändliche Niederungen« Kafka zu diesem Zeitpunkt durchmisst, handelt es sich um den von Max Brod 1927 unter dem Titel *Amerika* herausgegebenen Text *Der Verschollene.* Kafka arbeitete zum Zeitpunkt des Entstehens von *Das Urteil* seit eineinhalb Monaten daran. Die abschätzige Bemerkung über das Romanschreiben und die Eloge auf *Das Urteil* markieren den Gegensatz, aus dessen Spannung heraus es im Herbst 1912 zu dem überwältigenden Schreibschub kommt. Das Problem war: Wie konnte der ekstatische Zustand der Niederschrift von *Das Urteil* für die Romanarbeit fruchtbar gemacht werden? Im Zusammenhang einiger schöpferisch privilegierter Stunden war zwar ein in sich geschlossener Kurzprosatext hervorzubringen, wie aber sollte die begeisternde Dichte und Kohärenz, wie sie bei der Niederschrift von *Das Urteil* zu spüren gewesen war, im Zusammenhang von mehreren hundert Seiten durchgehalten werden können? In dem Zeitraum, zu dem diese Frage virulent wird, entsteht *Die Verwandlung.*

Die Entstehung der Verwandlung *im Spiegel der Briefe an Felice Bauer*

Das Urteil endet mit dem Satz: »In diesem Augenblick ging über die Brücke ein geradezu unendlicher Verkehr« (*GW* 1, S. 52). Vordergründig – das ist von Interpreten der Erzählung herausgestellt worden – handelt es sich um den Verkehr automobiler Art etc.; eine apokryph-verschleierte Bedeutung ist jedoch mitzubedenken, nach welcher der Satz auch dem Wunsch nach »unendlichem Briefverkehr« Ausdruck gibt. Denn zwei Tage, bevor ihm *Das Urteil* gelang, hatte Kafka die Korrespondenz mit Felice Bauer aufgenommen. Etwa siebenhundert Briefe wird er in den folgenden Jahren an ihre Berliner Adresse senden. Der letzte Satz des *Urteils* kündigt diesen Schreibstrom an; der Satz verspricht und projektiert die Lösung für die problematische Überführung jener Schreibspannung, wie Kafka sie in der Nacht vom 22. auf den 23. September erlebt hatte, in die Arbeit am Roman: Die Briefe an Felice sind »Kontext« in der unmittelbaren Bedeutung des Begriffs; sie setzen dort an, wo der literarische Text aufhört, und sorgen für die Kontinuität der Schreibhandlung, bis der Ein-

Bedeutung der Korrespondenz mit Felice Bauer

stieg in den Text wieder möglich wird. Das durchgängige Thema der Briefe ist fast ausschließlich das Schreiben; Kafka konfrontiert seine Partnerin mit allen Nuancen des Gelingens und Scheiterns seiner Schreibaktionen, die zunehmend sein Leben bestimmen. Die Briefe dienen nur in zweiter Linie der Überbrückung einer unglücklicherweise bestehenden räumlichen Trennung, sie haben vielmehr für Kafka ihren Zweck in sich selbst: »Was er [Kafka] sucht, ist keineswegs eine weibliche Inspiration oder ein mütterlicher Schutz, sondern eine physische Kraft, damit er schreiben kann«, so interpretieren Gilles Deleuze und Felix Guattari Kafkas überbordenden Briefverkehr (Gilles Deleuze / Felix Guattari: *Kafka. Für eine kleine Literatur*. Frankfurt/M. 1976, S. 42).

Auch Elias Canetti (1905–1994), der dem Briefwechsel einen einfühlsamen Essay gewidmet hat, erkennt den Zweck der Briefe, zumindest was die erste Phase der Korrespondenz angeht, in einem von Kafka angestrebten »Krafttransfer«:

> »[D]ie tiefere Absicht [. . .] dieser Korrespondenz [. . .]: es soll eine Verbindung, ein Kanal hergestellt werden zwischen ihrer Tüchtigkeit und Gesundheit und seiner Unentschlossenheit und Schwäche. Über diese Entfernung hin, zwischen Prag und Berlin, will er sich an ihre Festigkeit klammern. Das schwache Wort, das er an sie richten darf, kommt in zehnfacher Kraft zurück« (Elias Canetti: *Der andere Prozeß. Kafkas Brief an Felice*. München 1973, S. 16).

Kafka installiert einen Stromkreis, dessen Kraftquelle Felice darstellt. Die Briefe an sie sind Prätext und Kommentar der literarischen Texte; sie bahnen den Romantext an und in ihnen regeneriert sich die Spannung, die das »eigentliche« Schreiben antreibt. Während der Zeit, in der Kafka den Zirkel von brieflicher und literarischer Produktion zu perfektionieren trachtet, entsteht – gegen und parallel zur Romanarbeit betrieben – *Die Verwandlung*. Entsprechend findet die Arbeit an der »kleinen Geschichte« in all ihren Entstehungsphasen Erwähnung in den Briefen an Felice, die so den »Kontext« auch dieser Schrift Kafkas bilden.

Überbrückung und Aufschub

Charakteristischerweise unterbricht Kafka nach der Niederschrift von *Das Urteil* die Einträge in das Tagebuch, die bis dahin die Reflexionen zu seinem Schreiben enthielten. Das Medium diesbezüglicher Reflexion sind nun die Briefe an Felice. »[D]ie Briefe an Felice sind sein erweitertes Tagebuch, es hat den Vorteil, daß er es wirklich täglich führt, daß er sich hier häufiger wiederholen und damit einem wesentlichen Bedürfnis seiner Natur nachgeben kann«, so Canetti über den Wechsel vom Tagebuch zum Briefverkehr. Die Intimität des Tagebuchs wird überschritten, die Reflexionen erhalten einen gewissen »öffentlichen« Status, gelangen sie doch jetzt regelmäßig einer anderen Person unter die Augen. Dabei zeigt sich, dass die Entstehung der *Verwandlung* im Zusammenhang von Kafkas Darstellung seiner Schreibaktionen die Funktion eines Schreibmodells übernimmt. An dieser Geschichte – ohne dass er dies explizit andeutete oder es ihm in aller Deutlichkeit klar wäre – exerziert Kafka exemplarisch die für seine Produktionsweise typische Textgenese. Es ist nicht schwierig, einzelne Stellen aus dem Tagebuch, das in der Zeit vor Felice das Medium der Schreibreflexionen ist, in Beziehung zu setzen zu Briefpassagen, in denen Kafka der Geliebten die Umstände seines Schreibens nahe bringt: Das Liegen und Wälzen im Bett, die Spaziergänge, das Brüten am Schreibtisch, die Turnübungen und all die anderen Beschwörungsrituale, von denen das Tagebuch des Jahres 1911 wimmelt, finden nun Eingang in die Briefe und einen lebendigen Leser.

Entstehung der *Verwandlung*

Die erste Erwähnung der *Verwandlung* enthält der Brief vom 17. November 1912. Dieser Brief sorgt für die endgültige Bereinigung einer Krise zwischen Felice und Kafka, deren Beginn am 9. November gleichzeitig das datum post quem des Beginns der Arbeit an der *Verwandlung* darstellt. Kafka schreibt:

> »Ich werde Dir übrigens heute wohl noch schreiben, wenn ich auch noch heute viel herumlaufen muß und eine kleine Geschichte niederschreiben werde, die mir in dem Jammer im Bett eingefallen ist und mich innerlichst bedrängt« (Erich Heller / Jürgen Born (Hg.): *Franz Kafka: Briefe an Felice.* Frankfurt/M. 1995, S. 102).

Die beiden Phasen der »Kontextualisierung« der »kleinen Geschichte« sind hier deutlich zu unterscheiden: Ankündigung der Arbeit am literarischen Text und Ankündigung ihrer anschließenden Kommentierung – Anbahnung des Textes und Überbrückung der »inproduktiven« Zeit. Kafka verschafft sich auf diese Weise eine Beobachterin seiner Arbeit, die Adressatin fungiert sozusagen als kleinste »Publikumseinheit«.

Der angekündigte Kommentar am darauf folgenden Tag thematisiert ein weiteres Element seiner Produktionsweise, dem im Tagebuch bereits ausgiebig Raum gewährt wurde: nämlich die »schreibstrategische« Maßnahme des »Aufschubs«; 18. November 1912:

Schreib-strategischer Aufschub

> »[M]eine Liebste, es ist 1/2 2 nachts, die angekündigte Geschichte ist bei weitem noch nicht fertig, am Roman [*Der Verschollene*] ist heute keine Zeile geschrieben worden, ich gehe mit wenig Begeisterung ins Bett. Hätte ich die Nach frei, um sie ohne die Feder abzusetzen, durchschreiben zu können bis zum Morgen! Es sollte eine schöne Nacht werden. Aber ich muß ins Bett, denn ich habe gestern nacht schlecht, heute bei Tag fast gar nicht geschlafen und in gar zu jammervollem Zustand darf ich doch nicht ins Bureau gehen« (ebd.).

Das Ideal des »in einem Zug« durchgeschriebenen Textes findet Erwähnung, Inbegriff des bei der Niederschrift von *Das Urteil* erfahrenen schöpferischen Kraftakts, dessen Kräfteverzehr aber mit den beruflichen Anforderungen nicht zu vereinbaren ist. Noch am selben Tag jedoch verfasst Kafka einen weiteren Brief, der vom nächtlichen Schreiben berichtet, also die Überschreitung des selbst gesetzten ökonomischen Gebots mitteilt:

> »Gerade setzte ich mich zu meiner gestrigen Geschichte mit einem unbegrenzten Verlangen, mich in sie auszugießen, deutlich von aller Trostlosigkeit aufgestachelt. Von so vielem bedrängt, über Dich im Ungewissen, gänzlich unfähig, mit dem Bureau auszukommen, angesichts dieses seit einem Tag stillstehenden Romans [*Der Verschollene*] mit einem wilden Wunsch, die neue, gleichfalls mahnende Geschichte fortzusetzen, seit einigen Tagen und Nächten bedenklich nahe an vollständiger Schlaflosigkeit und noch einiges weniger Wichtige, aber doch Störende und Aufregende im Kopf –« (ebd., S. 105).

Der Entschluss, nicht zu schreiben, wird revidiert, allerdings gelingt es nicht, in den Text hineinzufinden, weshalb ein weiterer Brief an Felice entsteht, der eben von diesem Scheitern berichtet. V. a. aber soll das *Schreiben* nicht abreißen: Bei Kafka heißt dies buchstäblich, dass der Schriftzug, die Handlung des Schreibens als solche nicht unterbrochen wird, weshalb auch vermeintliche Nichtigkeiten in die Nachrichten mit eingehen, immer von der Erwartung getragen, dass dabei ein initialer, der Prosa wieder aufhelfender Einfall unterläuft.

Neben der Aufgabe der Überbrückung unproduktiver Phasen erfüllen die Briefe aber auch die umgekehrte Funktion: Sie sollen das Prosaschreiben auf- und anhalten, den Schreibstrom, dessen Kraft Kafka aus unklaren Gründen misstraut oder dessen »Andrang« er sich nicht gewachsen fühlt, stauen helfen. Im Brief vom 1. Dezember 1912 berichtet Kafka vom Stand der *Verwandlung*, deren zweiten Teil er eben beendet hat. Offenbar sollte ursprünglich die gesamte Erzählung an dieser Stelle enden, in dieser Nacht jedoch entschließt er sich, »eine[n] dritten Teil, aber nun ganz bestimmt [. . .] de[n] letzte[n]« in Angriff zu nehmen. Mithin ist eine kritische Stelle, eine Schwelle erreicht, die Kafka, obwohl er »im Zuge« ist, die Textarbeit unterbrechen und aufschieben lässt:

> »[I]ch bin jetzt endlich bei meiner kleinen Geschichte ein wenig ins Feuer gerathen, das Herz will mich mit Klopfen weiter in sie hineintreiben, ich aber muß versuchen, mich so gut es geht aus ihr herauszubringen und weil das eine schwere Arbeit sein wird und Stunden vergehen werden ehe der Schlaf kommt, muß ich mich beeilen, ins Bett zu gehen [. . .]«(ebd., S. 62).

Die Aufschubslogik bestimmt die gesamte Zeit der Fertigstellung des Schlussabschnitts der *Verwandlung*, der erhebliche Probleme bereitete und den Kafka später für den am wenigsten gelungenen Teil der Erzählung ansah. Weitere Nachrichten über die *Verwandlung* bestehen durchgängig in Hinweisen auf Verzögerungen des Endes, die mit unterschiedlichen Rücksichten begründet werden, so beispielsweise am 3. Dezember 1912:

> »Liebste, ich hätte heute wohl die Nacht im Schreiben durchhalten sollen. Es wäre meine Pflicht, denn ich bin knapp vor

dem Ende meiner kleinen Geschichte und Einheitlichkeit und das Feuer zusammenhängender Stunden täte diesem Ende unglaublich wohl. Wer weiß überdies, ob ich morgen nach der Vorlesung, die ich jetzt verfluche, noch werde schreiben können. Trotzdem – ich höre auf, ich wage es nicht. Durch dieses Schreiben, das ich ja in diesem regelmäßigen Zusammenhang noch gar nicht so lange betreibe, bin ich aus einem durchaus nicht musterhaften, aber zu manchen Sachen gut brauchbaren Beamten (mein vorläufiger Titel ist Koncipist) zu einem Schrecken meines Chefs geworden. Mein Schreibtisch im Bureau war gewiß nie ordentlich, jetzt aber ist er von einem wüsten Haufen von Papieren und Akten hoch bedeckt, ich kenne beiläufig nur das, was obenauf liegt, unten ahne ich bloß Fürchterliches. Manchmal glaube ich fast zu hören, wie ich von dem Schreiben auf der einen Seite und von dem Bureau auf der andern geradezu zerrieben werde. Dann kommen ja auch wieder Zeiten, wo ich beides verhältnismäßig ausbalanciere, besonders wenn ich zuhause schlecht geschrieben habe, aber diese Fähigkeit (nicht die des schlechten Schreibens) geht mir – fürchte ich – allmählich verloren« (ebd., S. 153).

Noch bezeichnender gerät Kafka die Begründung der aufgeschobenen Beendigung der Erzählung in der Nacht vom 5. auf den 6. Dezember:

»Weine, Liebste, weine, jetzt ist die Zeit des Weinens da! Der Held meiner kleinen Geschichte ist vor einer Weile gestorben. Wenn es Dich tröstet, so erfahre, daß er genug friedlich und mit allen ausgesöhnt gestorben ist. Die Geschichte selbst ist noch nicht ganz fertig, ich habe keine rechte Lust jetzt mehr für sie und lasse den Schluß bis morgen. Es ist auch schon sehr spät und ich hatte genug zu tun, die gestrige Störung zu überwinden. Schade, daß in manchen Stellen der Geschichte deutlich meine Ermüdungszustände und sonstige Unterbrechungen und nicht dazugehörige Sorgen eingezeichnet sind, sie hätte gewiß reiner gearbeitet werden können, gerade an den süßen Seiten sieht man das. Das ist eben das ewige bohrende Gefühl; ich selbst, ich mit den gestaltenden Kräften, die ich in mir fühle, ganz abgesehen von ihrer Stärke und Ausdauer, hätte bei günstigern Lebensumständen eine reinere, schlagendere, organisiertere Arbeit fertiggebracht, als die, die jetzt vorliegt. Es ist das ein Gefühl, das keine Vernunft ausreden kann, trotzdem natürlich niemand anderer als die Vernunft recht hat, welche sagt, daß man, ebenso wie es keine andern Umstände gibt als die wirklichen, auch mit keinem andern rechnen kann. Wie das aber auch sein mag, morgen hoffe ich die Geschichte zu beenden und übermorgen mich auf den Roman zurückzuwerfen« (ebd., S. 160).

Schlussphase der Niederschrift

In der Schlussphase der Niederschrift der *Verwandlung* wird der für Kafkas Selbsteinschätzung seiner Werke gültige Kritik-Zusammenhang erstmals in all seinen Facetten und in seinem durch keine Einrede (von Seiten Max Brods beispielsweise) aufzubrechenden Hermetismus artikuliert. Der Angelpunkt dieser Kritik ist die bedingungslose Fixierung auf den *Akt* der Produktion, dem sich ein Text verdankt. Stets bringt Kafka sein intimes Wissen um den in Phasen unterschiedlicher Evidenz zusammengestellten Text gegen diesen und damit gegen sich selbst in Anschlag; in dem Brief vom 27. November 1912 heißt es etwa: »[E]s [die Niederschrift der *Verwandlung*] wälzt sich etwas trübe und gleichmüthig fort und die notwendige Klarheit erleuchtet es nur für Augenblicke.«

Zwangsläufig wird auf diese Weise die Kritik des Textes zur Kritik der Lebensführung, aus deren Fehlern die Schwachstellen des Textes abgeleitet werden. Kafka bezieht niemals Gesetze der Rezeption – Sichtweisen des Lesers, unterschiedliche Intensität der Lektüre, eigene Syntheseleistungen des Rezipienten etc. – in das Kalkül seines Schreibens mit ein; es wäre ihm dies als Betrug erschienen. Die Fixierung auf den Schreibakt und den Evidenzzustand des Schaffensrauschs führt zur Abwertung aller Tätigkeiten, die nicht wenigstens mittelbar dem Schreiben zugute kommen. Dass ein Rhythmus von Spannung und Entspannung seiner Arbeit zuträglich sein könnte, erwägt Kafka nicht; gar die ungeliebte Arbeit in der Versicherungs-Anstalt, den »Wechsel der Schreibtische« als Bedingung seiner literarischen Arbeit zu bedenken, ist niemals positiv Gegenstand seiner Schreib-Reflexionen.

Eine Dienstreise, die er Ende November antreten muss, hat

dementsprechend nachhaltige Folgen für das Zustandekommen der *Verwandlung*; an Felice schreibt er am 25. November 1912:

> »Nun muß ich heute, Liebste, meine kleine Geschichte, an der ich heute gar nicht soviel wie gestern gearbeitet habe, weglegen und sie wegen dieser verdammten Kratzauer Reise einen oder gar zwei Tage ruhen lassen. Es tut mir so leid, wenn es auch hoffentlich keine allzu schlimmen Folgen für die Geschichte haben wird, für die ich doch noch 3–4 Abende nötig habe. Mit den nicht allzu schlimmen Folgen meine ich, daß die Geschichte schon genug durch meine Arbeitsweise leider geschädigt ist. Eine solche Geschichte müßte man höchstens mit einer Unterbrechung in zweimal 10 Stunden niederschreiben, dann hätte sie ihren natürlichen Zug und Sturm, den sie vorigen Sonntag in meinem Kopf hatte. Aber über zweimal zehn Stunden verfüge ich nicht. So muß man bloß das Bestmögliche zu machen suchen, da das Beste einem versagt ist« (ebd., S. 125).

Tags darauf noch einmal die gleiche Klage:

> »Man soll um keinen Preis wegfahren und den Gehorsam im Bureau lieber verweigern, wenn man zuhause eine Arbeit hat, die alle Kräfte braucht. Diese ewige Sorge, die ich auch jetzt übrigens noch habe, daß die Reise meiner kleinen Geschichte schaden wird, daß ich nichts mehr werde schreiben können u.s.w. Und mit diesen Gedanken in ein elendes Wetter hinausschauen zu müssen [. . .]« (ebd., S. 130).

Die als (An-)Klage gemeinte Feststellung: »So muß man bloß das Bestmögliche zu machen suchen, da das Beste einem versagt ist«, zur Maxime seiner Produktion zu befördern, wird Kafka niemals im Stande sein.

Erstveröffentlichung in einer Zeitschrift

Am 6./7. Dezember 1912 setzt Kafka seine (Brief-)Freundin vom Abschluss der *Verwandlung* in Kenntnis: »Liebste, also höre, meine kleine Geschichte ist beendet, nur macht mich der heutige Schluß gar nicht froh, er hätte schon besser sein dürfen, das ist kein Zweifel« (ebd., S. 163). Bei diesem Urteil Kafkas ist es geblieben; die Abwertung der Erzählung hat sich später sogar noch verstärkt. Am 20. Oktober 1913 notiert der Schriftsteller im Tagebuch: »[N]un las ich zuhause ›die Verwandlung‹ und finde sie schlecht. Vielleicht bin ich wirklich verloren.« Und weit über ein Jahr nach ihrer Fertigstellung, am 19. Januar 1914, schreibt er: »Großer Widerwille vor ›Verwandlung‹. Unlesbares Ende. Unvollkommen fast bis in den Grund. Es wäre viel besser geworden, wenn ich damals nicht durch die Geschäftsreise gestört worden wäre.«

Verzögerungen und »Überstürzung« der Veröffentlichung

Nachdem Kafka bereits am 24. November 1912 ihren ersten Teil den Freunden vorgelesen hatte, präsentierte er ihnen die gesamte Erzählung am 1. März 1913. An Felice schreibt er über die an einem Sonntagvormittag im Haus der Eltern Max Brods durchgeführte Lesung, dass er sich an seiner Geschichte »in Raserei« gelesen habe. Was den für Kafka typischen Produktionszusammenhang betrifft – den Übergang der Ekstase des Schreibens in die »Erhebung« des Vorlesens –, war das Projekt *Verwandlung* damit beendet. Wie schon im Fall der *Betrachtung* war es erneut Max Brod, der das beeindruckende Ereignis der Rezitation als Appell an seinen Einfluss und seine Tatkraft verstand; er wandte sich an Franz Werfel (1890–1945), der zu dieser Zeit als Lektor des Kurt Wolff Verlags in Leipzig tätig war, und lenkte dessen Aufmerksamkeit auf Kafkas neues Werk. Der Verlag erbat sich vom Autor das Manuskript, der die Übersendung auch zusagte. Dennoch musste Wolff (1887–1963) die »Wanzengeschichte« bald anmahnen. Kafka waren bei der Reinschrift Skrupel entstanden, und er zögerte die Abgabe des Textes hinaus. Obwohl der Verlag seinem Plan, das erste Kapitel des *Verschollenen*, *Der Heizer*, zusammen mit *Das Urteil* und *Die Verwandlung* in einem *Söhne* betitelten Sammelband herauszugeben, zustimmt, sind Kafkas Bedenken nicht zu zerstreuen. Inzwischen ist es zu einer Krise im Verhältnis mit Felice gekommen, in deren Verlauf sein schriftstellerisches Selbstverständnis erneut in Frage steht.

Als Ende Februar 1914 Robert Musil (1880–1942) Kafka für eine Mitarbeit an der *Neuen Rundschau* interessieren will, notiert dieser resigniert im Tagebuch: »Brief von Musil. Freut mich und macht mich traurig, denn ich habe nichts« (*GW* 2, S. 132). Dann aber wird *Die Verwandlung* zum Unterpfand und »Startkapital« einer neuen Existenz: Kafka bezieht sich auf Musils Angebot und schickt die Erzählung an die Redaktion der *Rundschau*, weil er eine Publikation in der angesehenen Zeitschrift für ein geeignetes Entree hält, um im Berliner Journalismus Fuß zu fassen. Vorausgegangen ist die deutliche Reserve Felice Bauers gegenüber einer baldigen Vermählung – ein Umstand, durch den sich Kafka zum Handeln genötigt fühlt. Er will Prag und dem Juristenberuf den Rücken kehren und nach Berlin ziehen; im Tagebuch schreibt er am 5. April 1914:

> »Wenn es möglich wäre, nach Berlin zu gehen, selbständig zu werden, von Tag zu Tag zu leben, auch zu hungern, aber seine ganze Kraft ausströmen zu lassen statt hier zu sparen oder besser sich abzuwenden in das Nichts! Wenn F. [Felice] es wollte, mir beistehn würde!«

Der Plan, mit dem Erlös aus der in der Zeitschrift veröffentlichten *Verwandlung* als Starthilfe in Berlin eine neue Existenz zu gründen, zerschlägt sich, als Felice Bauer sich wieder geneigt zeigt und der Verleger Samuel Fischer (1859–1934) Musils Zusage wegen Überlänge der Erzählung widerruft. Auf Bedenken wegen des Umfangs seiner Geschichte stößt Kafka auch bei René Schickele (1883–1940), dem Herausgeber der *Weißen Blätter*, den er (wahrscheinlich) im Verlauf des Jahres 1915 um Veröffentlichung ersucht. Dennoch erscheint *Die Verwandlung* noch 1915 im Oktoberheft der *Weißen Blätter*. Allerdings erhält Kafka keine Möglichkeit mehr, Korrektur zu lesen, worauf zahlreiche Fehler zurückzuführen sind, die dieser Erstdruck (= D 1) enthält. Diese und eine Reihe von Textabweichungen finden sich erst in der im November desselben Jahres bei Kurt Wolff erscheinenden Buchausgabe berichtigt, deren Textgrundlage Kafka überprüfen konnte.

Kafkas Urteil über *Die Verwandlung*

Die Publikation der *Verwandlung* als Buch vollzieht sich im Hinblick auf die mit Bedenken Kafkas und der Verantwortlichen bei *Fischer* und den *Weißen Blättern* hingegangene Zeit geradezu überstürzt. Grund dafür ist, dass *Die Verwandlung* plötzlich das Interesse der literarischen Öffentlichkeit erweckt, weil Carl Sternheim (1878–1942), dem der Fontane-Preis des Jahres 1915 verliehen worden war, den mit dem Preis verbundenen Geldbetrag an Kafka weitergab, um ihm öffentlich seine Anerkennung

Publikation als Buch

zu zollen. Das von Sternheims Geste ausgelöste Publikumsinteresse veranlasste den Kurt Wolff Verlag zu raschem Handeln: In der Reihe *Der jüngste Tag* erscheint im November 1915 die Erzählung.

Im Oktober 1914, etwa ein Jahr vor der Veröffentlichung der *Verwandlung* also, war Kafka die Erzählung *In der Strafkolonie* gelungen. Den Plan, diesen Text zusammen mit *Das Urteil* und *Die Verwandlung* unter dem Titel *Strafen* zu veröffentlichen, verfolgt er schließlich nicht weiter, weil ihm die separate Erscheinung von *Das Urteil* wichtiger ist als die Zusammenfassung der genannten drei Erzählungen in einem Sammelband. Gleichwohl beweist dieses Vorhaben, dass für Kafka die drei Texte eine Einheit bildeten.

Charlottenburg, 10.4.17
»Sehr geehrter Herr,
Sie haben mich unglücklich gemacht. Ich habe Ihre Verwandlung gekauft und meiner Kusine geschenkt. Die weiß sich die Geschichte aber nicht zu erklären. Meine Kusine hats ihrer Mutter gegeben, die weiß auch keine Erklärung. Die Mutter hat das Buch meiner anderen Kusine gegeben und die hat auch keine Erklärung. Nun haben sie an mich geschrieben. Ich soll ihnen die Geschichte erklären. Weil ich der Doctor der Familie wäre. Aber ich bin ratlos.
Herr! Ich habe Monate hindurch im Schützengraben mich mit den Russen herumgehauen und nicht mit der Wimper gezuckt. Wenn aber mein Renommee bei meinen Kusinen zum Teufel ginge, das ertrüge ich nicht. Nur Sie können mir helfen. Sie müssen es; denn Sie haben mir die Suppe eingebrockt. Also bitte sagen Sie mir, was meine Kusine sich bei der Verwandlung zu denken hat.
Mit vorzüglicher Hochachtung
Ergebenst Dr. Siegfried Wolff«

Die Verwandlung erschien im November 1915 bei Kurt Wolff. Das Leipziger Verlagsunternehmen wies in markanten Lettern am Unterrand der Titelseite auf sich hin. Vielleicht wurde Dr. Siegfried Wolff durch die Namensgleichheit, die ihn mit dem »Kurt Wolff Verlag« ebenso belanglos wie amüsant verband, zum Kauf der Geschichte angeregt. Ob ihn dieser Erwerb und die Folgen tatsächlich sein »Renommee« gekostet haben, ist nicht bekannt. Das Brief-Kuriosum zeigt, welches Befremden *Die Verwandlung*, inzwischen ein kanonischer Text nicht nur der deutschen, sondern der Weltliteratur, zur Zeit seines Erscheinens auslösen konnte. Auch der Frage, »was man sich bei der Verwandlung zu denken hat«, wurde seitdem in vielen Interpretationen und Analysen nachgegangen. Stanley Corngold, der 1973 eine ausführliche Bibliografie zur *Verwandlung* erstellt hat, spricht im Hinblick auf Fülle und Divergenz der Deutungen sogar von der »Verzweiflung des Interpreten« (*The Commen-*

tator's Despair. The interpretation of Kafka's METAMORPHOSIS. Port Washington / New York / London 1973).
Man hat in der Erzählung Kafkas ein masochistisches Erniedrigungs- und Unterwerfungsszenario erkannt (Charles Neider: *The Frozen Sea. A Study of Franz Kafka*. New York 1948); sie wurde als religiöse Sühnefantasie (K. H. Ruhleder: *Die theologische Dreizeitenlehre in Franz Kafkas »Die Verwandlung«*. In: *Literatur in Wissenschaft und Unterricht* 4. 1971, S. 106–114), als Todes- und Auferstehungsfantasie (Dow Webster: *Franz Kafka's THE METAMORPHIS as Death and Resurrection Fantasy*. In: *American Imago* 16, S. 349–365), als Dokument einer neurotischen Regression (Rudolph Binion: *What THE METAMORPHOSIS Means*. In: *Symposium* 15, S. 214–220) und als Verwandlungsmärchen (Douglas Angus: *Kafka's METAMORPHOSIS* and *THE BEAUTY AND THE BEAST Tale*. In: *Journal of English and Germanic Philology* 53, S. 69–71) entschlüsselt. Auch eine Kritik an der Entfremdung durch die moderne Arbeitswelt (Heinz Hillmann: *Franz Kafka*. Bonn ²1973) und die expressive Darstellung des Verlusts traditioneller Bindungen, wie ihn die Westjuden erfuhren (Kurt Weinberg: *Kafkas Dichtungen. Die Travestien des Mythos*. Bern / München 1963), wurden der *Verwandlung* entnommen. Dr. Siegfried Wolff hätte also im Lauf der Zeit viele gute Ratgeber finden können.

Das »Verwandlungs«-Motiv: Kultureller Standard und Autonomie der (Schreib-)Erfahrung

Bei aller Vielgestalt der Deutungen sind aber die Kernprobleme, mit denen es eine Analyse von Kafkas Text unweigerlich zu tun bekommt, durchaus erkennbar. *Die Verwandlung*, darüber herrscht völlige Einigkeit, steht in prominenter Motiv-Tradition: Die *Metamorphose* gehört zum Grundbestand abendländischer Themen in Literatur und bildender Kunst; sie ist ein zentrales, die Handlung antreibendes Ereignis im Mythos und im Märchen. Aus der Eingrenzung auf die abendländische Tradition ergeben sich aber auch die ersten Verwicklungen, die eine Interpretation zu bewältigen hat. *Die Verwandlung* etwa als »Anti-Märchen«, als »Mythisierung« oder »Travestierung« des

Metamorphose

Mythos zu identifizieren, unterstellt eine Kontinuität thematischer und gattungsspezifischer Strukturen, die aus Kafkas Text das ebenso konsequente wie groteske Endprodukt eines langen Transformationsprozesses werden lässt. Allein schon die Bedeutung aber, welche archaische und »primitive« Vorstellungs- und Bildwelten in der Moderne gewinnen, macht einen unproblematisierten Rückgriff auf die Thematik der »Verwandlung« in Mythos, Märchen und Kunst fragwürdig. Beispielsweise hat Elias Canetti in seiner epochalen Darstellung zu *Masse und Macht* (1960) die archaischen Wurzeln des Verwandlungsthemas in den Erzählungen »primitiver« Völker herausgearbeitet – ein Unternehmen, das sich im historischen Nachhinein auch als ethnologisch ansetzender, »prästrukturalistischer« Kommentar zur Ästhetik der Moderne begreifen lässt. Canetti, unter dem Eindruck epochaler sozialer und kultureller Veränderungen, lieferte eine den europäischen Kontext überschreitende Analyse des gesellschaftlichen Imaginären, die sich an vielen Stellen mit den Bildwelten berührt, die zeitgleich in Literatur und bildender Kunst zur Entfaltung kommen.

Der Konnex von Archaik und Ästhetik der Moderne kann demnach nur sehr beschränkt durch explizite oder immanent verfahrende Ableitungen des »Verwandlungs«-Themas aus der europäischen Kulturgeschichte beschrieben werden. Aber es genügt auch nicht der bloße Hinweis auf »archaische« Motive in Kafkas Werk. Eine Sichtung der Deutungen lässt erkennen, dass die Kafka-Philologie zunehmend die Bedeutung des *produktionsästhetischen Aspekts* für ein angemessenes Verständnis seiner Texte erkannt hat. Hier ist denn auch der Schlüssel für die Frage zu finden, auf welche Weise »archaische« Elemente, »Mythisches« und »Märchenhaftes« in sein Werk Eingang finden: Die Verabsolutierung des Produktionsakts im Vorgang des Schreibens führte zu Körper- und Bewusstseinszuständen des Autors, die ihm »archaische« Erfahrungen zugänglich machten. »Verwandlung« stellt sich Kafka nicht als »Thema«, sie ist vielmehr Ausdruck einer elementaren Erfahrung, die sich mit einem Motiv des kulturellen Bestands trifft. Von »Übernahme« und »Verarbeitung« kann dabei nicht die Rede sein. Allenfalls lässt sich darüber nachdenken, ob und in welchem Ausmaß diese Erfah-

Bedeutung des produktionsästhetischen Aspekts

rungen eine Bestätigung des überkommenen kulturellen »Kodex« darstellen. Dementsprechend orientiert sich die folgende Darstellung einiger besonders repräsentativer Deutungsbeiträge an der Spannung, die sich aus der Auffassung des »Verwandlungs«-Motivs als eines fraglos gültigen kulturellen Standards und dem Anspruch subjektiver Autonomie der (Schreib-)Erfahrung ergibt, wie sie sich Kafkas Werk entnehmen lässt.

»Verwandlung« als Mythisierung der Selbstentfremdung

W. Sokels bewusstseinsgeschichtliche Deutung

Walter Sokel analysiert *Die Verwandlung* als »Mythisierung begrifflichen Denkens«, wie es Kafkas Werk auch sonst charakterisiere (*Von Marx zum Mythos: Das Problem der Selbstentfremdung in Kafkas »Verwandlung«*. In: Monatshefte 73 (1981), H. 1, S. 6–20). Der in der *Verwandlung* ins Mythische verschobene Begriff ist der der »Selbstentfremdung«, wie ihn Ludwig Feuerbach (1804–1872) und Karl Marx (1818–1883) vom deutschen Idealismus übernommen und »materialistisch modifiziert« haben: »Der Mensch ist sich selbst entfremdet, solange ein Gutteil seiner eigenen Tätigkeit und ihrer Folgen ihm nicht bewußt wird.« Durch die Verwandlung in ein Tier überfällt dieses »Unbewusste« den Handlungsreisenden Samsa und bringt sich durch die Entstellung seiner Erscheinung für ihn selbst und seine Umgebung unübersehbar zur Geltung. Der im Begriff der »Selbstentfremdung« objektivierte individuelle und historische Prozess wird, so Sokel, von Kafka ereignishaft aktualisiert und versinnlicht. Sokel wertet diese von ihm als »Mythisierung« bezeichnete Versinnlichung nicht etwa positiv, sondern als einen bewusstseinsgeschichtlich regressiven Vorgang, geeignet, das begrifflich geklärte Verhältnis des Menschen »zu seiner eigenen Tätigkeit« wieder zu verdunkeln. Die Dialektik der »Entstellung«, die als ein Grundmuster auch anderer Interpretationen dieser Erzählung identifiziert werden kann, bezieht Sokel auf Überwindung und Wiederkunft des Mythos. Die »Mythisierung der Selbstentfremdung« vollzieht sich in der *Verwandlung* »im doppelten Sinne des Wortes ›Mythos‹«: Zum einen ist sie Fluchtbewegung in die Verantwortungslosigkeit, in den Bannkreis des Schicksalhaften und den Machtbereich des Mythos, der – exemplarisch vorgeführt in den *Metamorphosen* des Publius Ovidius Naso (= Ovid, 43 v. – 18. n. Chr.) – »menschlichem Handeln keinen entscheidenden Spielraum« lässt. Zum anderen ist die *Verwandlung* »Mythisierung«, weil sie »Selbstentfremdung als Begriff in Selbstentfremdung als anschauliches Geschehen und fingierte Wirklichkeit – Erzählhandlung und damit eben *Mythos – verwandelt*«.

Da die versinnlichende Bewegung der *Verwandlung* in toto als regressiver und mythisierender Akt gegen begriffliche Klarheit und emanzipatorische Dynamik erscheint, wird von Sokels Analyse der Literatur letztlich ihr Existenzrecht bestritten. Denn Literatur ist in gewisser Weise stets Versinnlichung und Verbildlichung und wäre somit stets verdunkelnde »Mythisierung«. Überspitzt: Interessant am Thema der »Verwandlung« ist für Sokel nur der regressive Prozess als Indiz einer Verfehlung gegen die Gebote der Vernunft. Einzelheiten bildlicher oder gar sprachlicher Art, ästhetische Fragestellungen bleiben damit von vornherein ausgeklammert. Der an emanzipatorischer Bewusstseinsbewegung orientierte Mythosbegriff als Instrument der Kritik von Kafkas *Verwandlung* lässt die Frage nach einer Autonomie der in der Erzählung eingeschlossenen Erfahrung gar nicht erst aufkommen.

Tiermetaphorik als Mittel der Stigmatisierung und Stilisierung des »Außenseiters«

Sokels Interpretation, die die Erzählung in den Kontext der Bewusstseinsgeschichte rückt, wählt von allen Deutungen die größtmögliche Distanz zu ihrem Gegenstand. Es spielt von dieser Warte aus keine Rolle, in wen oder was »hinein« die Verwandlung erfolgt, da die tierische Gestalt nur allgemeines Symbol niederen Bewusstseins ist. Thomas Anz hingegen verfolgt im Rahmen seiner Darstellung von Leben und Werk des Autors die Abhängigkeit der Erzählung vom literarhistorischen Kontext der Zeit (*Franz Kafka*. München 1989, S. 77–84). Anz wählt also eine wesentlich nähere Perspektive als Sokel; für ihn spielt die Tatsache, dass es sich bei der Gestalt, in welche die Verwandlung erfolgt, um ein Tier handelt, die primäre Rolle.

Th. Anz' literarhistorische Interpretation

Ausgehend von dem Gegensatz zwischen »Schriftstellerexistenz und bürgerlichem Beruf«, den Anz als Standardthema der Zeit vor und nach dem Ersten Weltkrieg herausstellt, zeigt er, dass *Die Verwandlung* entgegen der Meinung vieler Interpreten, die sie als singulär einschätzen, in »expressionistischer Umgebung« anzusiedeln ist. Anz verweist hierfür auf das notorische Thema des »Außenseiters«, dessen gesellschaftliche Stigmatisierung, aber auch Selbststilisierung auf die vor dem Weltkrieg »weit verbreitete Metapher« des »Ungeziefers« zurückgreifen, sowie auf die Konjunktur der Tiermetaphorik bei den Expressionisten. Letzterer Aspekt verdient besondere Beachtung, weil Anz die Tiermotivik nicht wie sonst üblich unmittelbar mit dem Verwandlungsmotiv assoziiert und dadurch an die Mythen und Märchentradition anschließt, sondern ihre bedeutende sozialgeschichtliche Indikationsfunktion betont; Anz schreibt:

> »In Gedichten wie ›Die gefangenen Tiere‹, ›Der Affe‹ oder ›Der Kondor‹ (alle von Georg Heym), ›Bestienhaus‹ (Alfred Wolfenstein) oder ›Die Ratten‹ (Georg Trakl) und in Erzählungen wie ›Der Selbstmord eines Katers‹ oder ›Kaninchen‹ (beide von Albert Ehrenstein) verbildlichen die Tiere zum einen die von zivilisierten Menschen unterschiedene Existenzform naturwüchsiger Vitalität und Ungebundenheit, zum anderen (und oft zugleich) das Leiden der Gesellschaft, als von Menschen gejagte, gefangene, verachtete, verabscheute, geschlagene oder geschlachtete Tiere. [...] Die Tiere in Kafkas Werk repräsentieren das Andere der sozialen Normalität, werden jedoch gerade aufgrund ihrer Andersartigkeit auch Opfer sozialer Macht und Gewalt« (81f.).

Ist die tierische Gestalt für Sokel Symbol mythisierter Selbstentfremdung und könnte prinzipiell auch durch jede andere entstellte Gestalt, ja durch Versinnlichung als solche zur Darstellung gelangen, so ordnet Anz vom literarhistorischen Hintergrund ausgehend den Tierfiguren eine klare gesellschafts- und sozialkritische Bedeutung zu. Gegenüber der abstrakt *symbolischen* Bedeutung, die Sokel unterstellt, bestimmt Anz das Bedeutungsverhältnis als *metaphorisch*. Damit ist es weniger eindeutig gefasst, als dies beim symbolischen Bezug Sokels der Fall ist. Gegen Anz ist einzuwenden, dass er Kafkas differenziertes Verhältnis zum Expressionismus unterschlägt. Beispielsweise wendete sich Kafka gegen das »Herumspielen mit dem Verfall logischer Sprachmittel«, das ihm für die expressionistische Anthologie *Menschheitsdämmerung* charakteristisch schien; über dieses Sammelwerk soll Kafka gesagt haben:

> »Man muß mit ihrem [der Sprache] Besitz vorsichtig umgehen. Das haben die Autoren dieses Buches vergessen. Sie sind Sprachzerstörer. Das ist ein schweres Vergehen. Eine Sprachverletzung ist immer eine Gefühls- und Gehirnverletzung, eine Verdunkelung der Welt, eine Vereisung« (Gustav Janouch: *Gespräche mit Kafka. Aufzeichnungen und Erinnerungen*. Frankfurt/M. 1968, S. 71).

Wenn auch zwischen ihm und den Expressionisten die Tiermetaphorik betreffend Gemeinsamkeiten existieren, darf doch nicht der Eindruck entstehen, Kafkas Ästhetik könnte als Spezialfall der expressionistischen verstanden werden. Darüber hinaus stellt auch die Bestimmung des Tiers als das »Andere der sozialen Normalität« im Hinblick auf Kafka eine Beschränkung der Funktionen dar, in denen dieses in seinem Werk vorkommt. Peter Beicken etwa hat in seiner Einführung zu Kafkas Werk Gregor Samsas Verwandlung als Gegenreaktion auf die »ökonomische Intrige« seiner Familie beschrieben:

P. Beickens soziopathologische Interpretation

> »Auf Gregor ist nämlich aus dem Konkurs des Vaters die Verantwortung für die Schuldentilgung und das Überleben der Familie übertragen worden, während die Schwester unbeschwert lebt, die Mutter sich passiv verhält und der Vater seine Zeit mit Zeitungslektüre zubringt« (*Franz Kafka. Eine kritische Einführung in die Forschung*. Frankfurt/M. 1974, S. 266–268).

Die Verwandlung kehrt diese Situation um, indem sie nun Gregor zum »Parasiten« werden lässt. Beicken greift wie Anz die sozial relevante, stigmatisierende Bedeutung des Käfers als »Ungeziefer« auf, bezieht sie aber speziell auf die ökonomischen Abhängigkeitsverhältnisse. Das »Ungeziefer« ist hier nicht das schlechterdings »Andere« der Gesellschaft, sondern im Gegenteil ihr intimer Nutznießer, ein »Parasit« und »Schmarotzer« eben. Damit aber verweist die Metapher des »Ungeziefers« nicht mehr in »expressionistischer Manier« auf »Außenseiter«, son-

dern indiziert den allgemeinen gesellschaftlichen Gewaltzusammenhang, wie er sich über die »parasitären« ökonomischen Verhältnisse herstellt. Eine glatte Umkehrung des Bedeutungsverhältnisses!
Obwohl Anz und Beicken im Gegensatz zu Sokel auf die Metapher des Tieres eingehen, bleiben auch ihre Deutungen einer allgemeinen Dialektik der *Entstellung* verpflichtet.

»Verwandlung« als existentieller Überschreitungsvorgang

Neben den Deutungen im Sinne einer regressiv-neurotischen, emanzipatorischen oder soziopathologischen Dialektik der Entstellung finden sich unter den Interpretationen zu der Erzählung auch Arbeiten, welche Vorgang und Bedeutung des Phänomens »Verwandlung« anders, d. h. nicht strikt dialektisch, auffassen. Der Begriff der »Verwandlung«, wie er aus diesen Analysen zu rekonstruieren ist, steht der in den Märchen zu findenden Verwandlung von Körper und Erscheinung nahe. Auch das Märchen kennt zwar die begrifflich auf Georg Wilhelm Hegels

Degradationsmetamorphose

(1770–1831) *Ästhetik*-Vorlesungen zurückgehende *Degradationsmetamorphose*, d. h. eine herabwürdigende Verwandlung in den tierischen Zustand; diese Art des Wechsels von menschlicher in tierische Gestalt stammt jedoch aus historisch späterer Schicht der Märchenüberlieferung und stellt bereits eine Moralisierung der Verwandlung unter dem Einfluss des Christentums dar. Ursprünglich ist die Verwandlung ein moralisch nicht qualifizierter, unter der Logik der animistischen Projektion stehender Vorgang der »Einleibung«, der im Gegensatz zu der herabwürdigenden (»degradierenden«) Verwandlung den zum Tier gewordenen Helden sogar mit besonderen Kräften und Möglichkeiten bereichert; so etwa gewinnt er die Fähigkeit, die Sprache der Tiere zu verstehen. (Der noch heute existierende *Totemismus* »primitiver« Völker basiert auf der Annahme kreatürlicher Verwandschaftsverhältnisse, innerhalb deren es kein Wertungsgefälle zwischen Tier und Mensch gibt.)
Auf *Die Verwandlung* ist der Aspekt der *Degradationsmetamorphose* mit Gewinn anzuwenden, und in gewisser Weise ist dieser Typus der Verwandlung derjenige, dem die oben vorge-

stellten und andere »Entstellungs«-Deutungen folgen. Die Situation ändert sich jedoch, wenn die Analyse der *Verwandlung* sich nicht mehr ausschließlich auf die Erzählung von 1912 beschränkt – ein Vorgehen, das schon wegen des dezidierten Prozesscharakters von Kafkas Schreiben geboten ist –, sondern die Funktionen anderer Tierfiguren in seinem Werk mit einbezieht (vgl. etwa Karl-Heinz Fingerhut: *Die Funktion der Tierfiguren im Werke Franz Kafkas. Offene Erzählgerüste und Figurenspiele.* Bonn 1969). Es ist evident, dass diese Funktionen sich nicht auf die *Degradation* beschränken. Auch sind sie nicht mehr in rein symbolische oder metaphorische Verweisverhältnisse aufzulösen. Vielmehr ist die entwürdigende und »gedrückte« tierische Gestalt nur Manifestation einer ganz bestimmten *Intensität* des Erlebens, die nicht isoliert, sondern innerhalb eines Kontinuums möglicher Verwandlungen, das sehr wohl auch den »märchenhaften« Zuwachs privilegierter tierischer Fähigkeiten kennt, Geltung beansprucht. Das »Tierwerden« erscheint mithin als positive Überschreitung des Menschseins.

G. Deleuzes und F. Guattaris strukturale Analyse

Die in dieser Hinsicht engagierteste Deutung haben Gilles Deleuze und Felix Guattari unternommen. Die aus der Kafka-Forschung bekannten symbolisch-metaphorischen Ausdeutungen der Tierfiguren werden von ihnen strikt zurückgewiesen:

> »Das Tier-Werden hat nichts Metaphorisches an sich. Es ist kein Symbolismus und keine Allegorie. Es ist auch nicht das Resultat eines Mangels oder eines Fluchs. [. . .] Es ist eine Karte der Intensitäten. Es ist ein Ensemble von klar unterschiedenen Zuständen, die der Mensch durchläuft, wenn er einen Ausweg sucht« (Deleuze / Guattari, a.a.O., S. 50).

Der Begriffapparat von Deleuze und Guattari orientiert sich an einer sogenannten »Geophilosophie«, welche die traditionelle philosophische Begrifflichkeit systematisch dem konkreten historischen Ereignis konfrontiert. Die Spannung zwischen abstraktem Begriff und der Kontingenz der raum-zeitlichen Ereignisse soll ständig aufrechterhalten bleiben. Dem Begriffssystem steht die »Karte« gegenüber, Medium der Eintragung und Verortung der Totalität laufender Ereignisse. Mit der Karte wird die Masse der nicht repräsentierbaren historischen Momente angepeilt, wie sie sich jeder Beschreibung entziehen, dennoch vom

Menschen körperlich und begriffsfern »durchmessen« werden müssen. Auf der Karte sind die Orte dieser dauernden existentiellen Überschreitung und ihrer Hemmungen – Deleuze / Guattari nennen sie *Blöcke* – eingetragen. In diesem Gegen- und Miteinander von Überschreitung und Hemmung entstehen die *Intensitäten*, Momente der in vollkommen unterschiedlichen Bewusstseinsgraden erfolgenden Realisation oder / und Liquidation der *Blöcke*.
Wenn Deleuze / Guattari die Funktion des Tieres bei Kafka als die einer »Karte der Intensitäten« bestimmen, steht demgemäß nicht die Gattung oder spezielle Gestalt des Tieres im Vordergrund, sondern *der in seiner Intensität begrifflich niemals zu repräsentierende Schwellenzustand eines konkreten historischen Augenblicks und Ortes*. »Tier« ist ein jeweiliger Zustand zwischen dem Versinken in bewusstlos-kontingenter Augenblicklichkeit und der Partizipation an die historischen Zeiteinheiten überschreitenden Kontinuitäten. Das zur Debatte stehende Motiv der »Verwandlung« wird von dieser Auffassung auf banale emotive Zustandsänderungen ebenso bezogen wie auf Selbstaffektationen und Übergänge in ekstatische, Raum und Zeit überschreitende Erhebungen. »Tier« und »Verwandlung« verhalten sich demnach zueinander wie Bild und Prozess.
Auf Sokels Interpretation der *Verwandlung* als einer »regressiven« Mythisierung von Begriff und Zustand der »Selbstentfremdung« bezogen erweist sich, dass Deleuze / Guattari die radikale Gegenposition beziehen. Das »Tier« ist auch bei ihnen »Revision« des Begriffs, den sie aber im Gegensatz zu Sokel einer dauernden Anfechtung durch die *Intensität* ausgeliefert sehen wollen. Was die Funktion von Literatur angeht, ist aus diesem Programm, anders als bei Sokel, eine positive Bestimmung abzuleiten.

Literaturhinweise

Anz, Thomas: *Franz Kafka*. München 1989. [Über *Die Verwandlung*: S. 77–84.]

Beicken, Peter U.: *Franz Kafka. Eine kritische Einführung in die Forschung*. Frankfurt/M. 1974. [Über *Die Verwandlung*: S. 266–268.]

Canetti, Elias: Der andere Prozeß. Kafkas Brief an Felice. München 1973.

Deleuze, Gilles / Guattari, Felix: *Kafka. Für eine kleine Literatur*. Frankfurt/M. 1976. [Über Liebesbriefe und Tierverwandlung: S. 40–59.]

Fingerhut, Karl-Heinz: »*Die Verwandlung*«. In: Müller, Michael (Hg.): *Franz Kafka. Romane und Erzählungen. Interpretationen*. Stuttgart 1994, S. 42–74.

Ders.: *Die Funktion der Tierfiguren im Werke Franz Kafkas. Offene Erzählgerüste und Figurenspiele*. Bonn 1969.

Heller, Erich / Born, Jürgen (Hg.): *Briefe an Felice*. Frankfurt/M. 1995.

Janouch, Gustav: *Gespräche mit Kafka. Aufzeichnungen und Erinnerungen*. Frankfurt/M. 1968.

Kremer, Detlev: *Kafka. Die Erotik des Schreibens*. Bodenheim bei Mainz 1998. [Über *Die Verwandlung*: S. 97–104.]

Kittler, Wolf: *Grabenkrieg – Nervenkrieg – Medienkrieg. Franz Kafka und der 1. Weltkrieg*. In: Hörisch, Jochen / Wetzel, Michael (Hg.): *Armaturen der Sinne. Literarische und technische Medien 1870–1920*. München 1990, S. 289–309. [Über eine der letzten Tierverwandlungen Kafkas und ihren historischen Hintergrund.]

Koch, Hans-Gerd: »*Ringkämpfe jede Nacht*« – *Franz Kafkas* »*Schreibtisch- und Kanapeeleben*«. In: Giudice, Gaspare / Müller, Michael: *Franz Kafka: Träume – Ringkämpfe jede Nacht*. Frankfurt/M. 1993, S. 93–104.

Kurz, Gerhard: *Traum-Schrecken. Kafkas literarische Existenzanalyse*. Stuttgart 1980. [Zu *Die Verwandlung*: S. 172–177.]

Matz, Wolfgang: *Der Schlaf der Vernunft gebiert Ungeheuer. Motive zu einer Lektüre von Franz Kafkas* »*Verwandlung*«. In: Arnold, Heinz Ludwig (Hg.): *Franz Kafka*. München 1994, S. 73–85.

Michel, Gabriele: »*Die Verwandlung*« *von Kafka – psychopathologisch gelesen. Aspekte eines schizophren-psychotischen Zusammenbruchs*. In: *Jahrbuch für Internationale Germanistik* 13 (1991) H. 1, S. 69–91.

Nabokov, Vladimir: *Franz Kafka. Die Verwandlung*. In: V. N.: *Die Kunst des Lesens. Meisterwerke der europäischen Literatur*. Frankfurt/M. 1982, S. 313–352.

Ries, Wiebrecht: *Kafka zur Einführung*. Hamburg 1993.

Schweppenhäuser, Hermann (Hg.): *Benjamin über Kafka. Texte, Briefzeugnisse, Aufzeichnungen*. Frankfurt/M. 1981.

Sokel, Walter H.: *Von Marx zum Mythos: Das Problem der Selbstentfremdung in Kafkas* »*Verwandlung*«. In: *Monatshefte* 73 (1981) H. 1, S. 6–20.

9.2–4 **Als Gregor Samsa [. . .] Ungeziefer verwandelt.**: Kafka bevorzugte abrupte, resultative Erzählanfänge, die nicht auf nähere Umstände eingehen oder erst die Personen einführen; so beispielsweise am Anfang von *Der Proceß*: »Jemand mußte Josef K. verleumdet haben, denn ohne daß er etwas Böses getan hätte, wurde er eines Morgens verhaftet.« Oder bei *Ein Landarzt*: »Ich war in großer Verlegenheit: eine dringende Reise stand mir bevor.«

9.2 **Gregor Samsa**: Hartmut Binder weist auf Jakob Wassermanns Roman *Die Geschichte der jungen Renate Fuchs* ([3]1901) hin, den Kafka kannte; darin tritt ein Gregor Samassa auf. Binder vermutet eine Verkürzung des Namens auf fünf Buchstaben und die Betonung der Vokale, um den Nachnamen des Protagonisten als Kryptogramm des eigenen Namens verwenden zu können: Samsa = Kafka (*Kafka-Kommentar zu sämtlichen Erzählungen*. München 1975, S. 158). Eine vergleichbare Deutung hatte Kafka anläßlich der Selbstanalyse seiner Erzählung *Das Urteil* vom Namen des Helden Georg Bendemann gegeben: »Georg hat soviel Buchstaben wie Franz. [. . .] Bende aber hat ebensoviele Buchstaben wie Kafka und der Vokal e wiederholt sich an den gleichen Stellen wie der Vokal a in Kafka« (*GW* 2, S. 126). Peter B. Waldeck verweist auf die Hauptfigur in Leopold von Sacher-Masochs (1836–1895) Roman *Venus im Pelz* (1870), der ebenfalls Gregor heißt (*Kafka's »Die Verwandlung« and »Ein Hungerkünstler« as influenced by Leopold von Sacher-Masoch*. In: *Monatshefte für deutschen Unterricht, deutsche Sprache und Literatur* 64. 1972, S. 147–152)

Das Bild der »Dame im Pelz«, wie es in der *Verwandlung* eine wichtige, die Symptomatik masochistischer Psychopathologie nicht nur aufnehmende, sondern steigernde Rolle spielt (vgl. Erl. zu 46,32–47,4), macht wahrscheinlich, dass Kafka Sacher-Masochs Roman kannte, erwiesen ist dies aber nicht. Detlev Kremer erschließt, von einem in *Venus im Pelz* beschriebenen Deckengemälde ausgehend, das Simson und Delila in der Konstellation von Herrin und gebundenem Sklaven zeigt, den Namen »Samsa« als assonante Abbreviatur des biblischen Namens »Simson«, respektive »Samson«; daraus folgert Kremer verallgemeinernd: »Gregor Samsa weist sich damit als eine Masochsche oder gleich: masochistische Chiffre männlicher Sexualität aus. Diese Beziehung bleibt nicht, wie andere Versuche, für den Namen des handlungsreisenden Ungeziefers Anhaltspunkte zu finden, oberflächlich: sie führt ins Zentrum der erotischen Vorstellungswelt nicht nur der *Verwandlung*, sondern von Kafkas Erzählungen überhaupt« (*Kafka. Die Erotik des Schreibens*. Bodenheim bei Mainz 1998, S. 100f.).

Bett: Gerhard Kurz: »Das Bett ist bei Kafka leitmotivisch Ort des Todes und der Wiedergeburt, der Wahrheit und der Offenbarung« (*Traum-Schrecken. Kafkas literarische Existenzanalyse*. Stuttgart 1980, S. 173). Und Hans-Gerd Koch präzisiert: »Im Roman ›Der Proceß‹ wird Josef K. – wie vor ihm bereits Gregor Samsa in der Erzählung ›Die Verwandlung‹ – im Bett von neuen, sein ganzes Leben verändernden Ereignissen überrascht. Für den spektakulären Auftakt seines Romans wählt Franz Kafka damit wiederum den Ort, um den herum er in fast allen seinen Texten die entscheidenden Szenen gruppiert: das Bett oder ersatzweise das Kanapee. Am Bett des Vaters findet die Aussprache im ›Urteil‹ statt; das Kanapee des Gregor Samsa wird zum zentralen Ort der ›Verwandlung‹; in Kafkas erstem Roman ›Der Verschollene‹, bilden Betten und Kanapees immer wieder den Hintergrund für die Begegnungen und Erlebnisse des selbst an Schlafsucht leidenden Karl Roßmann; in der Eingangsszene vom ›Schloß‹, Kafkas letztem Roman, ist es schließlich ein Strohsack, auf dem der ›spät abend‹ im Dorf angekommene K. in einen Schlaf fällt, aus dem er bald darauf schon wieder geweckt wird« (*»Ringkämpfe jede Nacht« – Franz Kafkas »Schreibtisch- und Kanapeeleben«*. In: Gaspare Giudice / Michael Müller: *Franz Kafka: Träume – Ringkämpfe jede Nacht*. Frankfurt/M. 1993, S. 93). 9.3

Bild, das er [. . .] dem Beschauer entgegenhob.: Detlev Kremer ist in seinem Essay den Verbindungen zwischen Sacher-Masochs Roman *Venus im Pelz* und der *Verwandlung* nachgegangen. Dabei weist er auf die »doppelte Verwandlung« hin, die durch den Vertrag zwischen der Herrin Wanda und ihrem Sklaven abge- 9.17–23

schlossen wird: »[D]ie Frau verwandelt sich in eine ›große weiße Bärin‹ die ihre ›Tatzen‹ in den Männerleib bohrt. – Der Mann degradiert sich zu einem *Nichts*« (a.a.O., S. 99f.). Davon ausgehend lässt sich das Motiv der Verwandlung, das in der Forschung verengend auf Mythen- und Märchentradition bezogen wird, historisch aktualisieren und einem gesellschaftlichen Kontext zuordnen: 1. Die Verwandlung in ein Tier maskiert und entlarvt eine bestimmte Dynamik des Begehrens; 2. diese Dynamik ist nicht naturgegeben, sondern eng verbunden mit Rollen, die durch einen »Vertrag« festgeschrieben sind. In der Masochschen / masochistischen Konstellation wird der soziale Zwang zur Übernahme von Rollen auf die Spitze getrieben. Jener Aspekt der sozialen Rolle, der dem Subjekt eine »Verwandlung« abverlangt, wird isoliert und verselbständigt sich.
Während der Sadismus mit dem Pathos der Unmittelbarkeit des Begehrens, wie es der Rousseauismus reklamiert, ernst macht, besteht der Kern des Masochismus in der Insistenz auf Vertragsverhältnissen. Dieser Aspekt ist unabhängig davon, ob Kafka Sacher-Masochs Roman kannte, bedeutsam für *Die Verwandlung*; denn Gregors Verwandlung in ein Tier ging der Zwang zu einer Verwandlung voran, wie sie ihm seine Rolle als Ernährer der Familie, Reisender etc. abverlangte. Die Verwandlung in ein nichtswürdiges Insekt bringt also nur zu Tage, was sich vorher schon ereignet hat: Gregor musste sich zu einem *Nichts* machen, um eine Rolle zu spielen. Das intime Verhältnis zwischen »Nichtswürdigkeit« und (sozialer) Gratifikation stellt sowohl in Sacher-Masochs Roman wie in Kafkas Erzählung das untergründige Thema dar (vgl. auch Erl. zu 46,32–47,4).

9.32–33 **immer wieder [...] Rückenlage zurück**: Hartmut Binder: »[W]enn Gregor [...] aus eigener Kraft schwer von der Rückenlage loskommen kann, so entspricht dies empirischen Beobachtungen, die besonders bei Maikäfern, Hirschkäfern und Mistkäfern gemacht wurden« (a.a.O., S. 160). Wichtiger als entomologische Verfizierungen ist Walter Benjamins Hinweis auf die Bedeutung des gekrümmten Rückens (»Buckels«) als eines signifikanten Körpermerkmals der Figuren Kafkas: »Diese Figuren [Odradek, Gregor Samsa] aber sind durch eine lange Reihe von Gestalten verbunden mit dem Urbilde der Entstellung, dem

Buckligen« (*Franz Kafka. Zur zehnten Wiederkehr seines Todestages.* In: Hermann Schweppenhäuser (Hg.): *Benjamin über Kafka. Texte, Briefzeugnisse, Aufzeichnungen.* Frankfurt/M. 1981, S. 9–38, hier S. 31).
Benjamin weist darauf hin, dass der Verurteilte in Kafkas Erzählung *In der Strafkolonie* mit dem Rücken, den die Foltermaschine mit Schriftzeichen bearbeitet, »hellsehend« wird; des Weiteren, dass eine große Zahl von Personen in Kafkas Werk das Haupt gesenkt tragen und den Rücken gekrümmt haben und dass Kafka bei einer Beschreibung des Im-Bett-Liegens die »Beladenheit« des Rückens betont (ebd., S. 32). Der Rücken steht nach Benjamin in besonderer Beziehung zum »Vergessenen«, wofür das Volkslied die Figur des »bucklicht Männlein« gefunden hat. In seiner Gestalt, so darf man Benjamin verstehen, tritt das Zurückgelassene, das, was »hinter einem liegt«, (wieder) vor Augen; ein Urbild nicht abzuwerfender Last, das einem – so in dem von Clemens Brentano (1778–1842) und Achim von Arnim (1781–1831) in *Des Knaben Wunderhorn* (1806/08) überlieferten Lied – bei der Erfüllung eines Wunsches oder der Verwirklichung einer Absicht den Weg *verstellt*: »Will ich in mein Küchel gehen, / Will mein Süpplein kochen; / Steht ein bucklicht Männlein da, / Hat mein Töpflein brochen.« Die »Verstellung« der Wünsche führt zur *Entstellung* des Lebens (als deren Urbild Benjamin das bucklicht Männlein auch in die Mythisierung seiner eigenen Existenz übernommen hat: In der *Berliner Kindheit* erscheint das bucklicht Männlein als Todesbote).
Als Infigurierung des Vergessenen steht das bucklicht Männlein aber den Tieren nahe, deren Funktion in Kafkas Werk Benjamin als *Behältnisse des Vergessenen* bestimmt hat (ebd., S. 30). Auch in den Tieren nämlich tritt den Menschen das Vergessene entstellt gegenüber, allerdings im Sinne des »unverstellten« Anblicks seiner eigenen »tierischen« Herkunft und des im Zivilisationsprozess Vergessenen.
Samsas Bemühung, aus der »Rückenlage« zu kommen, in die er immer wieder zurückschaukelt, ist – im Sinne von Kafkas *Kodex von Gesten* (a.a.O., S. 18) gelesen – der körperlich agierte Vorgang des Vergessenwollens bei gleichzeitiger Gebundenheit an das Vergessene. Da die Erzählung auch produktionsästhetisch

von Bedeutung ist, vergegenwärtigt dieser schaukelnde »Ringkampf« zusätzlich die Schwierigkeit, das in Traum und »Halbschlafphantasien« (Koch, *»Ringkämpfe jede Nacht«*, a.a.O., S. 99) aus der Vergessenheit Befreite über die Schwelle des Schlafes / Bettes zur Niederschrift, d. h. zum Schreibtisch und in den Text zu »überführen«. Der »Käfer« vergegenwärtigt das im Übergang des Erwachens oder des Einschlafens sich verändernde und verfremdende Körperschema, in dem die Organe und sensiblen Partien ihrer »Wachfunktion« ledig werden bzw. sich diese wieder aneignen. Die Phasen hypnagogischer (= in den Schlaf führender) und hypnopomper (= aus dem Schlaf lösender) Dys- und Refunktionalisierung des Körpers und seiner Motorik – allmorgendlich und -abendlich sich vollziehende »Verwandlungen« – stellen Kafkas spezifische Domäne dar.

12.25–26 **An der anderen [. . .] leise die Schwester**: Die Mutter klopft »am Kopfende« (vgl. 12,4), der Vater »an der einen Seitentür« (vgl. 12,22), die Schwester schließlich vervollständigt mit ihrer Intervention die »Einkreisung« Gregors, der hier bereits am Anfang von mehreren Seiten gemahnt und bedrängt wird. Damit sind die drei Schwellen eingeführt, die von nun an die Dramaturgie der Erzählung bestimmen werden: 1. Die Schwelle, die Gregors tierischer Panzer darstellt, 2. die Schwelle des Bettes, 3. die Schwelle(n) der ihn umgebenden Türen. Ein Hinweis in Walter Benjamins Kafka-Essay, der auf das Verhältnis des modernen Menschen zu seinem Körper eingeht, lässt erkennen, dass nicht nur der physische Leib, dasjenige, was an ihm betastbar ist, zum »Körper« gehört, sondern auch das Territorium der sozialen Verhältnisse: »Denn so wie K. im Dorf am Schlossberg lebt der heutige Mensch in seinem Körper; er entgleitet ihm, ist ihm feindlich. Es kann geschehen, daß der Mensch eines Morgens erwacht und er ist in ein Ungeziefer verwandelt. Die Fremde – seine Fremde – ist seiner Herr geworden« (a.a.O., S. 24).

In Kafkas Werk hat der den Menschen umgebende Raum stets »körperliche« Bedeutung. Es lassen sich verschiedene »Zonen« unterscheiden, so das Innere des Hauses, das architektonische Massiv der Stadt, das freie Land, die Steppe und die imaginäre Region der »Kolonie«. Mit dem Panzer sind Gregor die erstarrten Verhältnisse unmittelbar auf den Leib gerückt. Kafkas Bitte, das Insekt nicht bildlich darzustellen (vgl. Erl. zu 67,16–24), erklärt sich ebendaraus, dass die Gestalt des dem Menschen »Fremden« nicht in der eines bizarren Ungeheuers aufgeht, sondern, wie Benjamin andeutet, allgemeine räumliche Qualität besitzt. Gilles Deleuze und Felix Guattari haben für diesen Sachverhalt in ihrer strukturalen Analyse des Werks den Begriff des *Blocks* eingeführt, der die gestisch-architektonische Komplikation bestimmter Motive Kafkas zu isolieren helfen soll (a.a.O., S. 100–111).

Ein *Block* ergibt sich dementsprechend aus der Kombination »Tür – Klopfen – Stimme«, die in dreifacher Variation (Mutter / Vater / Schwester) vorgeführt wird. Dabei treten die Familienangehörigen ebenfalls nicht in körperlicher Gestalt auf, sondern werden – typisch für Kafkas Wahrnehmungsweise – in partieller Reduktion vorgeführt: Eine bestimmte Stimmqualität sowie die Selbstdarstellung und Darstellung der Position innerhalb der Familie durch die Art und Weise des Anklopfens bilden ein »Ensemble« mit der Tür, die in diesem Augenblick die Kommunikation mehr beherrscht als ein beliebiger Körperteil der Beteiligten (vgl. auch 35,25–26). Die Sensibilität für derartige Kombinationen sind es, die Kafka zum »Spezialisten« und Analytiker der Macht haben werden lassen: Die Situation wird nicht überschritten in Richtung dessen, was ein Protagonist »weiß« oder ein Ding »bedeutet«, sondern das Augenmerk richtet sich auf die ganz und gar »vordergründigen« Verbindungen (Deleuze / Guattari sprechen von »Konnexionen«), welche einzelne Äußerungen der Personen – v. a. der Klang ihrer Stimmen – *momentan* mit materiellen Elementen des Raums eingehen. Kafka interessieren die »Kollagen«, die die Macht ständig aus menschlichen und materiellen Anteilen zusammenfügt (vgl. Erl. zu 21,22–25). Erst unter diesem Aspekt werden die *Serien* und *Ströme* erkennbar, aus denen die Macht sich speist. Es geht nicht um die »mütterliche Stimme«, sondern um die Stimme der Mutter hinter der Tür, es geht um die *aktuelle* Verschränkung der simultanen Wahrnehmung von Stimme und Tür, denn derartige situative »Zusammenballungen« sind es, aus deren akustischen / optischen / haptischen etc. Gestaltqualitäten das Unbewusste *Blöcke* zusammenfügt (vg. Erl. zu 33,29–30).

14.4–8 **Er versuchte es [...] Wendung des Kopfes.:** Die folgende Szene, die die Bemühungen Gregors schildert, das Bett zu verlassen, ist mittels einer Blickverschiebung als eine in ihrem Ablauf »unendlich« gedehnte Turnübung zu erkennen. Kafka turnte mit an Fanatismus grenzenden Eifer. Er hielt ein penibles Tagesprogramm einzelner Übungen ein, die er dem System des dänischen Sportlehrers Jens Peter Müller entlehnte, das dieser auf Basis der schwedischen Reformgymanstik entwickelt hatte. Unter dem Begriff »Müllern« war die diesen Übungen folgende Körperschulung in ganz Europa bekannt geworden: »Mein Vater verbrachte drei ruhige, wenn auch etwas einsame Monate in Einzelhaft, zusammen mit seinen Büchern, seiner zusammenlegbaren Badewanne und einem Exemplar von J. P. Müllers *Mein System – 15 Minuten tägliche Arbeit für die Gesundheit*«, berichtet Vladimir Nabokov (1899–1977) in *Erinnerung, sprich.*
Müllers Buch enthielt unter vielen anderen Anweisungen z. B. folgende: »Strecken des Körpers und Wölben der Brust im Stehen. Danach Rollen des Oberkörpers erst links, dann rechts – Atempause.« Oder: »Kurzes Beinwerfen, abwechselnd rückwärts und vorwärts mit gestrecktem Beine, dann mit dem andern – Atempause.« »Beinkreisen bei Rückenlage: Erst nach oben und dann nach unten mit Zusammenpressen der Füße, wenn sie sich begegnen – Atempause.« etc.
Vor dem Hintergrund dieser Anweisungen erhält die Beschreibung von Gregors Kampf, aus dem Bett zu kommen, eine andere Dimension; einzelne Sätze lassen sich wie Anweisungen zum »Müllern« lesen, das allerdings in ungeheuerer Verlangsamung und Verzerrung als Karikatur abläuft: »Er hätte Arme und Beine gebraucht, um sich aufzurichten; statt dessen aber hatte er nur die vielen Beinchen, die ununterbrochen in der verschiedensten Bewegung waren und die er überdies nicht beherrschen konnte. Wollte er eines einmal einknicken, so war es das erste, daß es sich streckte; und gelang es ihm endlich, mit diesem Bein das auszuführen, was er wollte, so arbeiteten inzwischen alle anderen, wie freigelassen, in höchster, schmerzlicher Aufregung« (vgl. 13,18–26). Oder: »Und er machte sich nun daran, den Körper in seiner ganzen Länge vollständig gleichmäßig aus dem Bett hinauszuschaukeln« (vgl. 15,4–6). Und: »Als er wieder nach gleicher

Mühe aufseufzend so dalag wie früher, und wieder seine Beinchen womöglich noch ärger gegeneinander kämpfen sah und keine Möglichkeit fand, in diese Willkür Ruhe und Ordnung zu bringen [. . .]« (vgl. 14,15–18).

So ist der »Käfer« auch das Inbild der motorischen Abweichung von der Gerichtetheit und Systematik der geordneten gymnastischen Ertüchtigungsbewegung, die Kafka Tag für Tag bei geöffnetem Fenster durchführte. Gregor in Käfergestalt ist das Inversbild des Modellkörpers von Jens Peter Müller, den Kurt Tucholsky (1890–1935) einmal als den »schönsten Mann Europas« bezeichnet hat. Oder in Benjamins Sicht: Der »Käfer« ist das »Behältnis« einer in der Müller'schen Ordnungsbewegung vergessenen und nur scheinbar überwundenen ataktischen und dysfunktionalen Motorik.

So erweist sich *Die Verwandlung* auch als subversiver Kommentar zur Körperideologie der Jahrhundertwende: Seit den napoleonischen Freiheitskriegen war das Ideal der »Nation« mit der Ideologie körperlicher Ertüchtigung verbunden. Zunächst in Deutschland wurde der durch Turnübungen gemodelte (männliche) Körper zum Wertegaranten für die Einheit des Volkes. Zu Anfang des 20. Jahrhunderts sahen die unterschiedlichsten gesellschaftlichen Interessengruppen die körperliche Ertüchtigung als Mittel der Einigung und der Erschaffung eines neuen, den Anforderungen der Zeit entsprechenden Typus Mensch an. Auf die Verbindung von Turnen und Sittlichkeit beriefen sich sowohl die nationalen tschechischen Kreise, die mit dem Massenturnverband »Sokol« (»Falken«) eine propagandistisch wirksame paramilitärische Organisation geschaffen hatten. Dem Programm einer »völkischen« Einigung mithilfe turnerischer Ertüchtigung hing aber auch der 1900 gegründete nationaljüdische Turnverein »Makkabi« an, welcher das Pathos schneidiger »völkischer« Turnwarte ins Zionistische wendete.

Kafka artikuliert noch gegen Ende seines Lebens den Wunsch nach einem Athletenkörper in der schon bei der *Verwandlung* wirksamen Spaltung: »Wenn ich den großen Wunsch habe, ein Leichtathlet zu sein, so ist das wahrscheinlich so, wie wenn ich wünschen würde, in dem Himmel zu kommen und dort so verzweifelt sein zu dürfen wie hier« (*GW* 3, S. 188). Durch das

»Müllern« am Fenster (vor »offenem Himmel«) war das käferhafte Brüten im Bett nicht zu überwinden; Kafka kannte nur das Hin und Her oder den Zerrissenheitszustand der Gleichzeitigkeit beider Ansprüche.

16.4–5 **zu hören [. . .] wer es war**: Während Gregors Stimme sich durch die Verwandlung verändert hat und partiell unverständlich geworden ist (vgl. 12,9–13), übersetzt der Gehörsinn weiter korrekt. Daraus resultiert nicht zuletzt Gregors peinliche Gespaltenheit, nimmt er doch an der Kommunikation weiter passiv teil, muss aber zunehmend fürchten, nicht einmal mehr über die Stimme aktiv in diese eingreifen zu können (vgl. Erl. zu 65,28–34). Die Situation entspricht in gewisser Weise der des Schlafzustands, in dem das Gehör als einziger Wahrnehmungssinn weiter Informationen aufnimmt, während alle anderen »ausgeblendet« sind; ein Umstand, den sich die Hypnose zunutze macht.

17.32–33 **»Ich komme gleich [. . .] langsam und bedächtig**: Die Komik hier und an anderen Stellen besteht darin, dass Gregor sich noch an Abläufen orientiert, deren Zeitmaß und Anforderungen er nicht mehr Genüge leisten kann. Dieses Verhalten kann auch als wirksam für Gregors Leben vor der Verwandlung angenommen werden, nur dass es zu dieser Zeit als (heroische) »Haltung« und Räson, Wille und Fähigkeit zur Selbstverleugnung etc. zu Tage trat. Prinzipiell handelte es sich aber um dieselbe Selbstüberforderung und Unfähigkeit zur Einschätzung der bestehenden Situation wie nach der Verwandlung (vgl. Erl. zu 9,17–23).

18.6–9 **»Nein«, sagte Gregor [. . .] zu schluchzen.**: Vgl. Erl. zu 16,4–5.

19.21–22 **»Aber Herr Prokurist [. . .] alles andere**: Das »Vergessene« aber sind die eigene Ungestalt und Unbeweglichkeit sowie die völlig außer Kontrolle geratene Situation, die unter dem Druck der Ansprache des Vorgesetzten aus Gregors Bewusstsein verschwinden; auch diese Szene stellt letztlich nur eine Steigerung des Verhaltens dar, dem Gregor bereits vor der Verwandlung folgte: Selbstüberforderndes »Vergessen« der eigenen Befindlichkeit (vgl. Erl. zu 9,17–23 und 17,32–33).

21.10–13 **Man hörte gar [. . .] Unglück geschehen ist.**: Der Augenblick, in dem gegen Ende der Erzählung für die Familie wieder alles »in Ordnung« zu kommen beginnt, wird dementsprechend durch ein nachdrückliches Verschließen der Zimmertür markiert (vgl. Erl. zu 66,15–23).

21.22–25 **erhoffte von beiden [. . .] überraschende Leistungen**: Neben der (in der Literatur generell beliebten) Ärztesatire, die sie darstellt, weist die Ineinssetzung von Schlosser und Arzt auch auf die Verschränkung von architektonischer und Körpergrenze hin, die für die Erzählung und darüber hinaus für Kafkas gesamtes Werk von Bedeutung ist (vgl. Erl. zu 12,25–26). Hinzu kommt die geschlechtsspezifische Zuordnung beim Appell an die »Hilfskräfte«: Die (für die körperlichen Bedürfnisse zuständige) Mutter ruft nach dem Arzt, der (für die funktional-mechanische Sphäre verantwortliche) Vater nach dem Schlosser.

22.24–26 **Der helle Klang [. . .] Schlosser nicht gebraucht‹**: Das Öffnen der Tür und die in Aussicht stehende Überschreitung der Schwelle führen zu einer (scheinbaren) »Erweckung«: Anspielung auf das Erwachen Gregors im Panzer seiner Ungestalt (vgl. 9,2–4); gleichzeitig erneute Verschränkung von Körper- und architektonischer Grenze (vgl. Erl. zu 21,22–25), deren Überschreitung das böse Erwachen der Außenstehenden nach sich ziehen wird. Und Gregor, der hofft, aus seinem Alptraum zu erwachen, tritt nun endgültig in ihn ein.

23.32–24.1 **Gerade an der [. . .] Uniform verlangte.**: Die Fotografie Gregors in stattlicher Positur und staatlicher Position stellt das Gegenbild dar zu dem Bild der »Dame im Pelz« im Inneren von Gregors Zimmer, dem Schemen und Fetisch seines geheimen Begehrens (vgl. Erl. zu 9,17–23 und 46,32–47,4).

24.5–25.7 **»Nun«, sagte Gregor [. . .] Teil recht geben!«**: Der zweite Rechtfertigungsmonolog Gregors (vgl. 19,21–20,8), dessen Hauptkennzeichen die rhetorische Überstürzung ist, welche der Absicht folgt, Devotion zu bezeugen und die bestehenden Machtverhältnisse zu bestätigen. In der Dynamik dieser Rede versinnlicht sich die Abstraktionsbewegung einer »Eilfertigkeit«, die wegstrebt vom »authentischen« körperlichen Zustand und dem Kern der eigenen Person. Das ohnmächtige Auf-dem-Rücken-Liegen – Haltung (gemäß Benjamins Deutung) im Bann des Vergessenen – ist buchstäblich der »Rückschlag« dieser selbstverleugnenden, nach vorne stürzenden Eilfertigkeit: Aus dem devot gekrümmten Rücken wird der hemmende Buckel des Entstellten – gestische »Re-flexion«.

25.8–20 **Aber der Prokurist [. . .] geradezu überirdische Erlösung.**: Die Bewegung, in der der Rückzug des Prokuristen geschildert wird, folgt einer präzisen gestischen Grammatik, welche die Affinität der Darstellungskunst Kafkas zum Stummfilm beweist. Die Übertreibung, mit der die Schauspieler »im« Stummfilm zu agieren hatten, um das Fehlen der menschlichen Rede zu kompensieren, wird bei Kafka durchgängig zum Mittel der Darstellung des Schreckens. Auf diese Weise gelingt es ihm, für diejenigen Wahrnehmungen, die zu seiner Zeit tatsächlich »namenlos« waren und ihn »sprachlos« machten, eine Sprache zu finden. Es ist, als spiegelten sich auf der Ebene der reinen Gesten dem Gestikulierenden unbewusste Wahrnehmungen. Kafka, der diese Gesten wahrnimmt, zeigt seine Figuren ganz eingesponnen in dieses Gestikulieren: jede Figur eine mimische Kassandra ihrer selbst. Um Gregor Samsa ist diese, die Personen umgebende gestische Schicht zur befremdlichen Armatur erstarrt. Sein Panzer ist die Materialisierung aller angesichts eines namenlosen Schreckens hervorgebrachten Gesten, die im Fuchteln seiner vielen »Beinchen« noch zu erahnen sind.

26.12–18 **Kaum war [. . .] stehe unmittelbar bevor.**: Das Auf-dem-Bauch-Liegen ist Gregor zweifach vertraut und angemessen: 1. Ist es die Haltung der Devotion (vgl. Erl. zu 24,5–25,7), 2. die seiner tierischen Gestalt zukommende – deshalb das momentane »Wohlbefinden«.

27.22–27 **Drüben hatte [. . .] den Boden hin.**: Das »Aufreißen« des Fenster stellt eine Steigerung der im Entsetzen vor Gregors Stimme und beim Herbeiholen von Hilfe »aufgerissenen« (vgl. 21,10) Wohnungstür dar: Die Grenzen des Hauses werden »unsicher«, ein Verlust an Distinktion und Diskretion, den der Vater im Folgenden rückgängig zu machen beginnt, indem er Gregor in sein Zimmer zurücktreibt und die Tür »zuschlägt« (vgl. 29,2–4). Vgl. Erl. zu 21,10–13; 28,35–29,2 und 39,22–27.

28.35–29.2 **da gab ihm [. . .] sein Zimmer hinein**: Der erste Teil endet mit einem Gewaltakt des Vaters und auch am Schluss des zweiten wird Gregor Opfer der väterlichen Aggression (vgl. Erl. zu 51,5–14). Am Ende von Teil drei stirbt Gregor (vgl. 68,7–9). Das abschnittsweise Finale markiert deutlich die sich steigernde Aggressivität, der Gregor von Seiten der Familie, vornehmlich Vater und Schwester, ausgesetzt ist.

drehte sogar den Schlüssel um: Nachdem die Tür bereits als Mittel der Kommunikation zwischen Gregor und seinen Familienangehörigen eingesetzt wird (vgl. Erl. zu 12,25–26), differenziert sich der »Dialog« nun mithilfe von Schloss und Schlüssel. Begonnen hatte es mit Gregors Kraftakt, unter Zuhilfenahme seiner Kiefer die Tür aufzuschließen (vgl. 22,3–22,28). Danach war der Schlüssel von außen in das Schloss gesteckt worden (vgl. 31,31–32), was die Umkehr der Verfügungsgewalt über Gregors Privatbereich bedeutete. Dass die Schloss- und Schlüsselaktionen in direkter Verbindung mit dem Körper Gregors stehend aufzufassen sind und mit dem Zugriff auf die architektonische immer auch ein Zugriff auf die Körpergrenze verbunden ist (vgl. Erl. zu 21,22–25 und 22,24–26), zeigt ein Traum, den Kafka zweieinhalb Monate vor der Entstehung der *Verwandlung* im Tagebuch festgehalten hat: »Als ich heute nachmittag im Bett lag und jemand einen Schlüssel im Schloß rasch umdrehte, hat [!] ich einen Augenblick lang Schlösser auf dem ganzen Körper wie auf einem Kostümball und in kurzen Zwischenräumen wurde einmal hier einmal dort ein Schloß geöffnet oder zugesperrt« (*GW* 2, S. 80). 33.29–30

Bei diesem Traum handelt es sich um eine Art surrealistischer »Kurzschrift« der Verhältnisse, die in der *Verwandlung* auf eine allgemeinverbindliche Topografie projiziert werden. In der ortsräumlichen Desorientiertheit des Halbschlafs zeigt sich für einen Moment, dass die architektonische Struktur ein somatisches Korrelat hat und sichtbar getrennte Elemente auf einer anderen Wirklichkeitsebene in dichtester Verschränkung exisitieren, oder wie Deleuze / Guattari es formulieren: einen *Block* bilden. Zwei Wochen vor dem Traum, am 13. August, hatte Kafka Felice Bauer kennengelernt. Am 1. November 1912 schreibt er ihr, »daß ich seit jenem Abend ein Gefühl hatte als hätte ich eine Öffnung in der Brust, durch die es saugend und unbeherrscht ein- und auszog« (Heller / Born (Hg.): *Franz Kafka*, a.a.O., S. 66). Auch der Entgrenzungszustand, in den Kafka durch Felice versetzt wird, wird am authentischen Ort des eigenen Körpers realisiert. Deutlich ist die Beziehung zum Fenster, vor dem Kafka auch bei großer Kälte seine Turnübungen durchführte, des Weiteren lassen sich – der im »Schlösser-Traum« offenbar werdenden Logik des *Blocks* entsprechend – das »Aufreißen« von Tür und Fenster (vgl. Erl. zu 27,22–27) auf diese Erfahrung der Entgrenzung beziehen.

Ein weiterer Traum, Tagebucheintrag vom 11. September 1912, komplettiert die Topografie: »Ich befand mich auf einer aus Quadern weit ins Meer hineingebauten Landzunge. Irgendjemand oder mehrere Leute waren mit mir, aber das Bewußtsein meiner selbst war so stark, daß ich von ihnen kaum mehr wußte, als daß ich zu ihnen sprach. [. . .] Rechts sah man Newyork, wir waren im Hafen von Newyork. Der Himmel war grau aber gleichmäßig hell. Ich drehte mich frei, der Luft von allen Seiten ausgesetzt auf meinem Platze hin und her, um alles sehen zu können [. . .]« (ebd., S. 82). Hans-Gerd Koch hat nachgewiesen, dass dieser Traum initial für den Beginn des *Verschollenen* war (*»Ringkämpfe jede Nacht«*, a.a.O., S. 96); dort wird beschrieben, wie Karl Roßmann im Hafen von New York die Freiheitsstatue erblickt. Aus dem im Traumszenario »frei« stehenden (der Luft nicht nur von vorne durch das Fenster, sondern »von allen Seiten ausgesetzten«) Ich werden Roßmann und die Freiheitsstatue. Die Szene stellt also die personale Dislokation der vom Traumszenario in eins gesetzten »Figuren« dar.

Vor dem Hintergrund des Traummaterials, wie es Kafka in zeitlicher Nähe zur Entstehung der Erzählung produziert, ergibt sich demnach eine Topografie der »Verwandlung«, deren ganze »Bandbreite« erst die »Käfer«-Gestalt Gregors richtig zuzuordnen erlaubt: »Draußen« erhebt sich die »Freiheitsstatue«, Wunsch-Ich (»das Bewußtsein meiner selbst war so stark«) einer (durch »Müllern« erworbenen) »frei beweglichen« Körperlichkeit; »drinnen« liegt auf krummem Rücken die entstellte »tierische« Gestalt, *Behältnis des Vergessenen* der eigenen Schwäche, Bedürftigkeit und Abhängigkeit. Die gesamte Topografie stellt die Verräumlichung jenes intensiven (Traum-)Zustands dar, der durch das Umdrehen des Schlüssels im Schloss induziert wurde.

Von diesen Überlegungen ausgehend lässt sich besser verstehen, worauf Benjamins Bemerkung in seinem Kafka-Essay abzielt: »Denn so wie K. im Dorf am Schloßberg lebt der heutige Mensch in seinem Körper; er entgleitet ihm, ist ihm feindlich. Es kann geschehen, daß der Mensch eines Morgens erwacht, und er ist in ein Ungeziefer verwandelt« (vgl. Erl. zu 12,25–26). Das Schloss als architektonische Apotheose der absoluten Grenze korrespondiert auf psychischer Ebene dem Schloss in der Tür zu Gregors Zimmer, das ihm die Grenze setzt und das der »Schlösser-Traum« unmittelbar mit Kafkas (= Gregors) Körpergrenze in Beziehung bringt. Wenn Gregor sich, gegen die Tür gestemmt, mit seinen Kiefern verzweifelt bemüht, das Schloss zu öffnen, unterscheidet sich diese Anstrengung grundsätzlich nicht von derjenigen, die K. aufbringt, um in das Schloss zu gelangen: Beide, Gregor und K., wollen eine Grenze überschreiten, beide streben nach erlösender Verwandlung. Die Kommunikation aber, die die Schwester Gregors mithilfe des Schlüssels und der von diesem verursachten Geräusche unterhält, kehrt wieder in den Botschaften, die K. vom Schloss empfängt.

denn da er [. . .] Heiligen zu hören: Obwohl Gregors Verwand- 35.8–13
lung mit dem Wechsel seiner Ernährungsvorlieben (vgl. 33,19–34,11) weiter fortgeschritten ist und im Folgenden seine Tierwerdung noch durch zunehmende Beherrschung des anfangs kaum zu kontrollierenden Körpers bestätigt werden wird (42,29–31), versteht Gregor ohne jede Einschränkung weiterhin die menschliche Sprache; mit der zunehmenden Akzeptanz, die die Familienangehörigen seinem Schicksal gegenüber an den Tag legen, ihr Unverständnis ihm gegenüber also zunimmt, wird Gregor durch sein »Verstehenkönnen« immer einsamer (vgl. 44,7–10). Vgl. Erl. zu 16,4–5 und 65,28–34.

Wertheimkassa: Hoher, von der österreichischen Firma »Wert- 36.24
heim« hergestellter Kasten zur Aufbewahrung wichtiger Papiere und Geschäftsunterlagen; derartige Kästen gehörten zum festen Büromobiliar, standen aber auch in den privaten Herrenzimmern von Geschäftsleuten.

einen Sessel [. . .] Fenster zu schauen: Das Fenster als Flucht und 39.21–26
Befreiung ermöglichender Ausweg ist ein in Kafkas Werk, v. a. den Tagebüchern, notorisches Motiv. In dem Traumzusammenhang, der die *Verwandlung* mitbestimmt (vgl. Erl. zu 33,29–30), ist das Fenster die Passage zur grandiosen Ichgestalt einer »nach allen Seiten beweglichen« »Freiheitsstatue«; eine Imagination, an der in Schwundform auch Gregor teilhat, wenn ihn »irgendeine Erinnerung an das Befreiende« des Aus-dem-

Fenster-Schauens anrührt. »Befreiend« ist die Nähe von Fenster und frischer Luft auch noch für die asthmatische Mutter (vgl. 39,7–9) sowie die Schwester, die mitleidig Gregors kleine Fluchten durch das Öffnen der Fensterflügel begünstigt (vgl. 39,35–40,5) und sich selbst Luft verschafft, indem sie nach dem Betreten von Gregors Gefängnis das Fenster »aufreißt« (vgl. 40,16–25 und Erl. zu 27,22–27). Gregor in seiner »Käfer«-Gestalt wirkt der Traumlogik entsprechend erschreckend auf die Schwester, wenn er sich aufgerichtet und »frei beweglich«, also selbständig und autonom, am Fenster präsentiert (vgl. 40,30–41,2 und 42,17).

44.10–32 **ist es nicht [. . .] hatte ihn aufgerüttelt.**: Die in Kafkas Werk gültige Beziehung von Körper und Raum, die bis zu einer »Definition« des Körpers durch den Raum reicht (vgl. Erl. zu 12,25–26), wird in der Gleichsetzung von menschlicher Existenz und vorhandenem Interieur auf die Spitze getrieben. Die »Ausleerung« des Zimmers (vgl. 44,24) hat die Entleerung von Gregors menschlicher Existenz und die Zerstörung seiner Identität zur Folge. In dialektischer Wendung bedeutet der Verlust der Menschlichkeit durch Verlust der Möbel den Gewinn tierischer Freiheit, welche dem vom Traum beglaubigten Bild des grandiosen Ichs entsprechend (vgl. Erl. zu 33,29–30) als »ungestörtes Kriechen-Können nach allen Richtungen« beschrieben wird.

46.32–47.4 **wechselte viermal [. . .] gewiß niemand wegnehmen.**: In Panik findet Gregor Halt nur am Bild der »Dame im Pelz«. Im Kontext der Traumtopografie figürlicher Verwandlungszustände (vgl. Erl. zu 33,29–30) erweist sich das verteidigte Bild als Substitut des grandiosen Ichbildes der »Freiheitsstatue«. Die Dame hinter Glas ersetzt die Statue vor dem Fenster(glas), die Kafka im Übrigen zum Zeitpunkt der Arbeit an der *Verwandlung* in Form von vier, die Niklas-Brücke flankierenden, geflügelten Statuen vor sich hatte. Das Bild der »Dame im Pelz« – »masochistische Chiffre« (vgl. Erl. zu 9,2 und 9,17–23) und Herrscherin über alle Freiheit – presst Gregor gegen seine Vorderseite, diejenige Körperregion also, an der Kafka den durch Felice heraufbeschworenen Entgrenzungszustand als »Öffnung« wahrnahm (vgl. Erl. zu 33,29–30), durch die es (wie durch ein Fenster) »ein- und auszog«. Davon ausgehend ist festzustellen: Das Bild der die

Freiheit beherrschenden »Dame im Pelz« »plombiert« bei Gregor die mit der »Ausleerung« seines Zimmers einsetzende Entgrenzung, die sich ihm als Freiheit »nach allen Seiten« aufdrängt.

mit erhobener Faust: Die Schwester macht sich hier die Macht- 47.28
und Feindseligkeitsgeste des Vaters zu Eigen (vgl. 23,13).

Gregor ist ausgebrochen.: Abrupte Umkehr der Perspektive, die 48.27–28
Gregor deutlich macht, dass eine menschliche Koexistenz, von der er bis dahin immer noch ausging, nicht mehr existiert und er als gefährliches Tier gefangen gehalten wird.

Nun aber war [. . .] Scheitelfrisur niedergekämmt.: Auch der 49.30–50.2
Vater hat eine Verwandlung durchlaufen, die sich auf Insignien der Macht stützt, wie sie eine Uniform zur Verfügung stellt. Da das Bild Gregors in Leutnantsuniform Inbild seiner vergangenen sozialen und familiären Dominanz ist (vgl. 23,32–24,1), signalisiert die semimilitärische Montur des Vaters nun den Machtwechsel.

keine ganz vertrauenswürdige Lunge: Kafka erlitt in der Nacht 50.27
vom 12. auf den 13. August 1917 einen Blutsturz, einen Monat später wurde eine Lungentuberkulose diagnostiziert. An Max Brod schrieb er Mitte September 1917: »Immerfort suche ich eine Erklärung der Krankheit, denn selbst erjagt habe ich sie doch nicht. Manchmal scheint es mir, Gehirn und Lunge hätten sich ohne mein Wissen verständigt. ›So geht es nicht weiter‹ hat das Gehirn gesagt und nach fünf Jahren hat sich die Lunge bereit erklärt zu helfen.« Fünf Jahre zuvor begann die Beziehung zu Felice Bauer, die Tuberkulose führt zur Auflösung auch der zweiten Verlobung. Im Tagebuch nennt Kafka »die Lunge nur ein Sinnbild, ›ein Sinnbild der Wunde, deren Entzündung F. [Felice] und deren Tiefe Rechtfertigung heißt‹«. Anfang 1917 hatte er die Erzählung *Ein Landarzt* niedergeschrieben, eine tödliche Wunde ist zentrales Element des Geschehens (vgl. Erl. zu 52,4–10); Kafka sah darin nachträglich eine Prognose und Antizipation seiner eigenen »Verwundung« durch die Lungentuberkulose wenige Monate später.

Vor dem Hintergrund dieses Zusammenhangs kommt dem Hinweis auf die nicht »vertrauenswürdige Lunge« Gregors – niedergeschrieben in der Anfangszeit der Beziehung zu Felice – ebenfalls antizipatorische Bedeutung zu (vgl. Erl. zu 52,4–10).

51.3–12 **Aus der Obstschale [. . .] dem Ortswechsel vergehen**: Der Apfel ist das »biblische Insignium der weiblichen Verführung« (Kremer, a.a.O., S. 97). Gregor wird darüber belehrt, dass auch eine Flucht in die Tiergestalt ihn nicht vor dem menschlichen Fluch der Verführbarkeit bewahrt: Der Apfel, Sinnbild auch des biblischen Sündenfalls und der unauflöslichen Verbindung von Eros und Erkenntnis, bleibt Gregor als schwärendes Mal im Fleisch stecken und wird schließlich seinen Tod herbeiführen.

52.4–10 **sichtbares Andenken [. . .] als zu dulden**: Der Apfel, der den Tierpanzer durchschlägt, stigmatisiert Gregor und lässt ihn dadurch als Mitglied der menschlichen Gemeinschaft auch für den Vater erkennbar werden; das Motiv der Wunde als Inbild menschlicher Existenz taucht in Kafkas Werk an verschieden Stellen auf, so in der Erzählung *Ein Landarzt*, in der der Arzt angesichts einer schrecklichen, schon von Würmern penetrierten Wunde feststellt: »Ich habe deine große Wunde aufgefunden; an dieser Blume in deiner Seite gehst du zugrunde« (*GW* 1, S. 204). Die Ästhetisierung des Anblicks weist auf die Ambivalenz der »Wunde« hin, die Ereignis / Vorgang des Lebens (drastisch als »Biotop« der Würmer) und gleichzeitig tödliche Verletzung ist. In den Kontext des existentiellen Mals der Wunde gehört bei Kafka stets auch die eigene, in der Nacht vom 22. auf den 23. September 1912 »empfangene«, als er mit seinem ekstatischen Schreibideal einen Maßstab gewann, an dem gemessen er seine weiteren Produktionen als gescheitert beurteilte. In dieser Zeit beginnt auch die Beziehung zu Felice Bauer, die mit der »realen« Wunde der Tuberkulose enden wird (vgl. Erl. zu 50,27).

52.20–24 **so daß er [. . .] anhören durfte**: Was die Anerkennung seines Tierstatus betrifft, führt die Behandlung Gregors von Seiten der Familie immer wieder zu »retardierenden« Momenten; so auch hier, wo die Kommunikation via geöffneter Tür (vgl. Erl. zu 12,25–26) die Einsperrung (vgl. 48,27–28) rückgängig macht und Gregor wenigstens peripher wieder in den Kreis der Familie einbezogen wird (vgl. Erl. zu 65,28–34).

53.8–54.10 **weigerte sich [. . .] behilflich zu sein**: Die groteske Erschöpfungszeremonie zeigt Kafkas Sensibilität für die nonverbale Interaktion, welche nur scheinbar nebensächlich ist, vielmehr jedoch den Austausch von gemeinschaftserhaltenden emotionalen Gratifikationen und sozialen Anerkennungsprozeduren regelt. Im Kontext der Körper- und Ichbilder (vgl. Erl. zu 23,32–24,1; 33,29–30 und 49,30–50,2) karikiert diese Passage den mühsamen »Aufrichtungsprozeß«, den die entfremdete berufliche und repräsentative Tätigkeit dem Vater abverlangt. Nur in zweiter Linie geht es hier um »Müdigkeit«; der Vater wehrt vielmehr das Nieder- und Umsinken ab, er sucht, durch »Verbleib« in der stützenden Montur, seine Statur zu wahren, für deren Verlust die »kriecherische« Existenz seines Sohnes das Inbild darstellt. Die hartnäckige Weigerung, das Bett aufzusuchen, beweist ein Bewusstsein von der »niederziehenden« Kraft dieses Ortes, in der sich Gregors Verwandlung vollzogen hat.

wenn jetzt [. . .] den Tisch anstarrten: Vgl. Erl. zu 12,25–26. 55.9–13

mit ihren kleinen Fäusten den Tisch bearbeitete: Vgl. Erl. zu 47,28. 57.3–4

stets flüchtig morgens [. . .] wenig zu öffnen: Vgl. Erl. zu 12,25–26. 57.20–21

als sei die Tür gar nicht geöffnet worden: Vgl. Erl. zu 12,25–26. 57.26–27

Wohnzimmertür [. . .] wenig offen gelassen: Vgl. Erl. zu 12,25–26. 59.11–17

Gerade an diesem [. . .] der Küche her.: Theodor W. Adorno hat auf Walter Benjamins Reflexionen über das Gestische bei Kafka mit einer Bestimmung der Geste als Mittlerin zwischen dem »Versinken in Stummheit« und dem »Sicherheben aus ihr [der Stummheit] in Musik« geantwortet (Schweppenhäuser (Hg.), a.a.O., S. 106). Dem Tier kommt dabei die Funktion einer Infigurierung des gestischen Zwiespalts zu. Auch das Tier ist sozusagen ständig vom »Versinken in Stummheit« bedroht, überschreitet aber andererseits durch die Indifferenz seiner Erscheinung die Sphäre differenzierter Äußerung in Richtung allgemein verständlicher »Sprache«, also der Musik. Gregors Verhalten ist aus dieser für Kafkas Poetologie zentralen Konstellation heraus zu erklären: Seine Faszination für die Musik der Violine, die ihn alle Vorsicht und familiären Interessen vergessen lässt, verhält sich buchstäblich gegenläufig zu seinem allmählichen »Versinken in Stummheit«, das die Erzählung bis zu diesem Zeitpunkt in den verschiedensten Phasen vorgeführt hat. Kafka steigert den 60.14–16

»gegenläufigen« Effekt der Spannung zwischen »Versinken« und »Sicherheben« noch dadurch, dass er Gregors völlige Verwahrlosung (vgl. 61,15–22), seine schmutzbedeckte Erscheinung genau in dem Augenblick detailliert beschreibt, als dieser »von dem Spiele angezogen« in Richtung der Musik(antin) zu kriechen beginnt (vgl. 61,9–10).
Die Kluft zwischen kontingenter Welt – im Werk durch Schmutz, Unrat, Ekelerregendes, v. a. aber Stummheit angezeigt – und allen Lebewesen unmittelbar zugänglicher Botschaft, wie sie primär die Musik hervorbringt, wird bei Kafka immer wieder zu Gunsten einer unmittelbaren Nähe von »Immanenz« und »Transzendenz« überschritten; in dieser Nähe, besser: direkten Nachbarschaft, vollzieht sich keine Versöhnung oder Aufhebung, sondern entsteht unmittelbar aus der geschilderten Szene und nur auf die sprachliche Fügung gestützt ein Augenblick der *Intensität*. Im Sinne von Deleuze / Guattari (vgl. Erl. zu 12,25–26) ist unter *Intensität* jener Moment zu verstehen, in dem ein *Block*, etwas Hemmendes, Niederdrückendes, Vereinzelndes, gleichzeitig realisiert und liquidiert wird: Der Schrecken des »Stummen« wird offenbar, gleichzeitig ist die »Erhebung« aus ihm zu gewahren. Das schmutzbedeckte Ungeziefer, kriechend, im Bann des Violinentons – dieses Bild ist nicht begrifflich auflösbar oder ausdeutbar, es soll allenfalls ein »Schillern« erzeugen unter dem Blick des Lesers.
(Kafka kommt über die traditionelle Form der »Parabel« zu den Momenten der *Intensität*. Die Parabel ordnet, einfach gesprochen, immanente Elemente transzendenten Elementen zu; so entsteht im Verlauf der Erzählung eine bündige Verweisstruktur, die allerdings – unabdingbares Merkmal der Parabel – in *einem* Element, in dem Immanentes und Transzendentes sich unauflöslich durchdringen, zusammenfällt. Kafkas Texte steuern solches Zusammenfallen auch da an, wo es nicht mehr oder nur bruchstückweise »parabolisch« gerechtfertigt werden kann. Er will den Leser auf das *factum brutum*, das schlechterdings nicht in Bedeutung Überführbare stoßen; dies aber ist nur möglich, indem dem Leser klar wird, dass sein intentionales Vermögen dem Vollzug des Faktischen immer schon entgegensteht: Dort, wo die unaufhebbare Bedeutungsstiftung als Barriere gegen den

Vollzug des Faktischen spürbar wird, wandelt sich Intentionalität in *Intensität.*)

War er ein Tier [. . .] unbekannten Nahrung.: Was die immanente Poetologie der Erzählung angeht, sind diese Sätze ihre zentralen. Die Frage, die sich Gregor stellt, ist doppeldeutig; 1. Möglichkeit: Konnte er ein Tier sein, da ihn doch Musik – das genuin menschliche Medium – so ergriff?; 2. Möglichkeit, die sich aus der Tatsache ableitet, dass Gregor als Mensch der Musik fern gestanden hat (vgl. 37,19–21): War er durch die Tatsache, dass Musik ihn jetzt ergriff, ein anderer – nahe liegenderweise ein Tier – geworden? Fazit: Das Ergriffenwerden durch Musik qualifiziert das Tier als (vielleicht) »menschlich« und den Menschen als (vielleicht) »tierisch«; Musik könnte also eine allgemein verständliche Botschaft für alle Kreaturen darstellen. 62.9–11

Seine Ergriffenheit, so scheint es Gregor, weist den Weg zur »ersehnten unbekannten Nahrung«. Die Verwandlung vollzog sich davor auch als Verwandlung der Geschmacksvorlieben, als das den Menschen Ekelhafte Gregor zu munden begann (vgl. 33,19–34,11). Die Eindeutigkeit, mit der Gregors Konsum Indiz für seine tierische Degradation war, wird aufgehoben, indem ihm nun die Musik Geschmack macht.

Ich will [. . .] es loszuwerden.: Mit diesen Sätzen kündigt die Schwester, die bis dahin einen Rest von Loyalität gegenüber Gregor bewahrt hatte, das geschwisterliche Verhältnis auf. Dies resultiert bezeichnenderweise aus den Folgen, die der Augenblick größter Nähe zwischen Gregor und seiner Schwester, heraufbeschworen durch deren betörendes Violinspiel (vgl. 62,6–9), nach sich zog. 64.33–65.1

»Wenn er [. . .] Aber so –«: Nachdem im gesamten Verlauf der Erzählung die Schwester Gregor nahe, der Vater ihm fern stand und der Zweifel darüber, ob Gregor als Mensch oder Tier zu behandeln sei, in beiden Personen seine stillen Protagonisten fand, kehrt sich nun, da endlich auch die Schwester Gregor nur noch als Ungeziefer behandeln will, die Konstellation um: Der Vater erwägt die Möglichkeit, dass Gregor »versteht«. 65.28–34

Kaum war er [. . .] im Schloß umdrehte.: Kafka hatte sich in einem Brief an den Kurt Wolff Verlag dagegen gewehrt, dass der Illustrator Ottomar Starke für das Umschlagbild »das Insekt 67.16–24 selbst« zeichnete. »Wenn ich für eine Illustration selbst Vorschläge machen dürfte, würde ich Szenen wählen, wie: die Eltern und der Prokurist vor der geschlossenen Tür oder noch besser die Eltern und die Schwester im beleuchteten Zimmer, während die Tür zum ganz finsteren Nebenzimmer offensteht« (*Briefe 1902–1924*, a.a.O., S. 135f.). Starke kam dem Vorschlag Kafkas nach: Das Umschlagbild der ersten Buchausgabe zeigt einen Mann im Schlafrock, die Hände vor das Gesicht geschlagen, mit dem Rücken zu einer halb geöffneten Flügeltür stehend, durch die hindurch lediglich ein Spalt Dunkelheit zu erkennen ist.

Die (Flügel-)Tür markiert die Grenze zwischen Gregor und seiner Familie und erfüllt die Funktion eines depravierten Kommunikationsmittels (vgl. Erl. zu 21,10–13). Wenn die Schwester die Tür verschließt, ist dies die Besiegelung von Gregors Tod, der auch kurz danach eintritt (vgl. 68,7–9).

67.23–24 **während sie den Schlüssel im Schloß**: Vgl. Erl. zu 33,29–30.

68.10–14 **vor lauter Kraft [. . .] mehr möglich war**: Vgl. Erl. zu 12,25–26.

68.25–26 **riß die Tür des Schlafzimmers auf**: Vgl. Erl. zu 12,25–26.

69.23–26 **Die Bedienerin schloß [. . .] etwas Lauigkeit beigemischt.**: Das Fenster zeigt auch nach Gregors »Verschwinden« die Befreiung an – diesmal der Familie (vgl. Erl. zu 33,29–30).

72.7–8 **Sie erhoben sich [. . .] sich umschlungen haltend.**: Vgl. Erl. zu 33,29–30.

Franz Kafka in der Suhrkamp BasisBibliothek

Der Prozeß
Kommentar: Heribert Kuhn
SBB 18. 352 Seiten

»Dieser wichtige Roman liegt hier in einer preisgünstigen, schüler- und arbeitsgerechten Ausgabe vor, die die unvollendeten Kapitel, die vom Autor gestrichenen Stellen und das Nachwort Max Brods im Anhang einbezieht. Ein Kommentar von 60 Seiten informiert zur Text- und Entstehungsgeschichte, bietet Deutungsansätze und hilfreiche Wort- und Sacherklärungen.« *Lesenwert*

Die Verwandlung
Kommentar: Heribert Kuhn
SBB 13. 134 Seiten

»Heribert Kuhns Kommentar bietet einen überaus spannenden Zugang zu Kafkas berühmter Erzählung.«
Literatur in Wissenschaft und Unterricht

»Franz Kafkas berühmte Erzählung *Die Verwandlung* gibt es jetzt in einer gut kommentierten Ausgabe. ... Unmittelbare Worterklärungen und Verständnishilfen sind gleich in der Randspalte des Textes abgedruckt. Es folgt ein Kommentarteil, der die autobiografischen Zusammenhänge erläutert, Entstehungs- und Textgeschichte darstellt und Deutungsansätze unternimmt. ... Es bleibt kaum eine Frage offen.«
Frankfurter Neue Presse

NF 337/1/1.02

Max Frisch in der Suhrkamp BasisBibliothek

Andorra
Kommentar: Peter Michalzik
SBB 8. 166 Seiten

»Vielleicht bringt der multimediale Kontakt mit Frischs Stück manch einem, der Deutschstunden bislang als lästige Pflicht erlebte, einen neuen Zugang und damit Spaß an der Literatur.« *stern*

Homo faber
Kommentar: Walter Schmitz
SBB 3. 301 Seiten

»Zunächst einmal: Die Buchausgabe der Suhrkamp BasisBibliothek ist wunderschön. Offensichtlich inspiriert von elektronischen Hypertexten werden Wort- und Sacherläuterungen direkt am Textrand präsentiert. Inhaltliche Erläuterungen, Verweise und Kommentare finden sich im Anhang am Ende des Buches – die jeweiligen Passagen sind aber im Text markiert. Der breite Rand lädt zum Markieren und Kommentieren nur so ein, so daß das Buch eine optimale Ausgabe für den Einsatz in der Schule ist. Weitere Informationen gibt der ausführliche Kommentar von Walter Schmitz etwa zu den Erzählverfahren, der Entstehungs- und Textgeschichte oder der Rezeptionsgeschichte.« *Praxis Deutsch*

NF 335/1/1.02

Suhrkamp BasisBibliothek
Text und Kommentar in einem Band

»Die Suhrkamp BasisBibliothek hat sich längst einen Namen gemacht. Als ›Arbeitstexte für Schule und Studium‹ präsentiert der Suhrkamp Verlag diese Zusammenarbeit mit dem Schulbuchverlag Cornelsen. Doch nicht nur prüfungsgepeinigte Proseminaristen treibt es in die Arme der vielschichtig angelegten Didaktik, mit der diese unprätentiösen Bändchen aufwarten. Auch Lehrer und Liebhaber vertrauen sich gerne den jeweiligen Kommentatoren an, zumal die Bände mit erschöpfenden Hintergrundinformationen, Zeittafeln, Entstehungsgeschichten, Rezeptionsgeschichten, Erklärungsmodellen, Interpretationsskizzen, Wort- und Sacherläuterungen und Literaturhinweisen gespickt sind.«
Frankfurter Allgemeine Zeitung

Ingeborg Bachmann. Malina. Kommentar: Monika Albrecht und Dirk Göttsche. SBB 56. 389 Seiten

Jurek Becker. Jakob der Lügner. Kommentar: Thomas Kraft. SBB 15. 351 Seiten

Thomas Bernhard. Amras. Kommentar: Bernhard Judex. SBB 70. 144 Seiten

Thomas Bernhard. Erzählungen. Kommentar: Hans Höller. SBB 23. 171 Seiten

Peter Bichsel. Geschichten. Kommentar: Rolf Jucker. SBB 64. 194 Seiten.

Bertolt Brecht. Der Aufstieg des Arturo Ui. Kommentar: Annabelle Köhler. SBB 55. 182 Seiten

NF 279c/1/9.10

Bertolt Brecht. Die Dreigroschenoper. Kommentar: Joachim Lucchesi. SBB 48. 170 Seiten

Bertolt Brecht. Der gute Mensch von Sezuan. Kommentar: Wolfgang Jeske. SBB 25. 214 Seiten

Bertolt Brecht. Der kaukasische Kreidekreis. Kommentar: Ana Kugli. SBB 42. 189 Seiten

Bertolt Brecht. Leben des Galilei. Kommentar: Dieter Wöhrle. SBB 1. 191 Seiten

Bertolt Brecht. Mutter Courage und ihre Kinder. Kommentar: Wolfgang Jeske. SBB 11. 185 Seiten

Georg Büchner. Danton's Tod. Kommentar: Joachim Hagner. SBB 89. 200 Seiten

Georg Büchner. Lenz. Kommentar: Burghard Dedner. SBB 4. 155 Seiten

Paul Celan. »Todesfuge« und andere Gedichte. Kommentar: Barbara Wiedemann. SBB 59. 186 Seiten

Adelbert von Chamisso. Peter Schlemihls wundersame Geschichte. Kommentar: Thomas Betz und Lutz Hagestedt. SBB 37. 178 Seiten

Annette von Droste-Hülshoff. Die Judenbuche. Kommentar: Christian Begemann. SBB 14. 136 Seiten

Joseph von Eichendorff. Aus dem Leben eines Taugenichts. Kommentar: Peter Höfle. SBB 82. 180 Seiten

NF 279c/2/9.10

Theodor Fontane. Effi Briest. Kommentar: Dieter Wöhrle. SBB 47. 414 Seiten

Theodor Fontane. Irrungen, Wirrungen. Kommentar: Helmut Nobis. SBB 81. 258 Seiten

Max Frisch. Andorra. Kommentar: Peter Michalzik. SBB 8. 166 Seiten

Max Frisch. Biedermann und die Brandstifter. Kommentar: Heribert Kuhn. SBB 24. 142 Seiten

Max Frisch. Homo faber. Kommentar: Walter Schmitz. SBB 3. 301 Seiten

Johann Wolfgang Goethe. Götz von Berlichingen. Kommentar: Wilhelm Große. SBB 27. 243 Seiten

Johann Wolfgang Goethe. Die Leiden des jungen Werthers. Kommentar: Wilhelm Große. SBB 5. 222 Seiten

Johann Wolfgang Goethe. Wilhelm Meisters Lehrjahre. Kommentar: Joachim Hagner. SBB 85. 700 Seiten

Jeremias Gotthelf. Die schwarze Spinne. Kommentar: Michael Masanetz. SBB 79. 172 Seiten

Grimms Märchen. Kommentar: Heinz Rölleke. SBB 6. 136 Seiten

Norbert Gstrein. Einer. Kommentar: Heribert Kuhn. SBB 61. 157 Seiten

Peter Handke. Wunschloses Unglück. Kommentar: Hans Höller. SBB 38. 131 Seiten

NF 279c/3/9.10

Friedrich Hebbel. Maria Magdalena. Kommentar: Florian Radvan. SBB 74. 150 Seiten

Christoph Hein. Der fremde Freund. Drachenblut. Kommentar: Michael Masanetz. SBB 69. 236 Seiten

Hermann Hesse. Demian. Kommentar: Heribert Kuhn. SBB 16. 233 Seiten

Hermann Hesse. Narziß und Goldmund. Kommentar: Heribert Kuhn. SBB 40. 407 Seiten

Hermann Hesse. Siddhartha. Kommentar: Heribert Kuhn. SBB 2. 192 Seiten

Hermann Hesse. Der Steppenwolf. Kommentar: Heribert Kuhn. SBB 12. 306 Seiten

Hermann Hesse. Unterm Rad. Kommentar: Heribert Kuhn. SBB 34. 275 Seiten

E. T. A. Hoffmann. Das Fräulein von Scuderi. Kommentar: Barbara von Korff-Schmising. SBB 22. 149 Seiten

E. T. A. Hoffmann. Der goldene Topf. Kommentar: Peter Braun. SBB 31. 157 Seiten

E. T. A. Hoffmann. Der Sandmann. Kommentar: Peter Braun. SBB 45. 100 Seiten

Ödön von Horváth. Geschichten aus dem Wiener Wald. Kommentar: Dieter Wöhrle. SBB 26. 168 Seiten

Ödön von Horváth. Glaube Liebe Hoffnung. Kommentar: Dieter Wöhrle. SBB 84. 152 Seiten

NF 279c/4/9.10

NF 279c/5/9.10

Heinrich von Kleist. Der zerbrochne Krug. Kommentar: Axel Schmitt. SBB 66. 186 Seiten

Wolfgang Koeppen. Das Treibhaus. Kommentar: Arne Grafe. SBB 76. 290 Seiten

Gert Ledig. Vergeltung. Kommentar: Florian Radvan. SBB 51. 233 Seiten

Gotthold Ephraim Lessing. Emilia Galotti. Kommentar: Axel Schmitt. SBB 44. 171 Seiten

Gotthold Ephraim Lessing. Minna von Barnhelm. Kommentar: Maria Luisa Wandruszka. SBB 73. 172 Seiten

Gotthold Ephraim Lessing. Miß Sara Sampson. Kommentar: Axel Schmitt. SBB 52. 170 Seiten

Gotthold Ephraim Lessing. Nathan der Weise. Kommentar: Wilhelm Große. SBB 41. 238 Seiten

Eduard Mörike. Mozart auf der Reise nach Prag. Kommentar: Peter Höfle. SBB 54. 148 Seiten

Novalis. Heinrich von Ofterdingen. Kommentar: Andrea Neuhaus. SBB 80. 254 Seiten

Ulrich Plenzdorf. Die neuen Leiden des jungen W. Kommentar: Jürgen Krätzer. SBB 39. 157 Seiten

Rainer Maria Rilke. Die Aufzeichnungen des Malte Laurids Brigge. Kommentar: Hansgeorg Schmidt-Bergmann. SBB 17. 299 Seiten

NF 279c/6/9.10

Patrick Roth. Riverside. Kommentar: Grete Lübbe-Grothes. SBB 62. 148 Seiten

Friedrich Schiller. Kabale und Liebe. Kommentar: Wilhelm Große. SBB 10. 175 Seiten

Friedrich Schiller. Maria Stuart. Kommentar: Wilhelm Große. SBB 53. 220 Seiten

Friedrich Schiller. Die Räuber. Kommentar: Wilhelm Große. SBB 67. 272 Seiten

Friedrich Schiller. Wilhelm Tell. Kommentar: Wilhelm Große. SBB 30. 196 Seiten

Arno Schmidt. Schwarze Spiegel. Kommentar: Oliver Jahn. SBB 71. 150 Seiten

Arthur Schnitzler. Lieutenant Gustl. Kommentar: Ursula Renner-Henke. SBB 33. 162 Seiten

Theodor Storm. Der Schimmelreiter. Kommentar: Heribert Kuhn. SBB 9. 199 Seiten

Hans-Ulrich Treichel. Der Verlorene. Kommentar: Jürgen Krätzer. SBB 60. 176 Seiten

Martin Walser. Ein fliehendes Pferd. Kommentar: Helmuth Kiesel. SBB 35. 164 Seiten

Frank Wedekind. Frühlings Erwachen. Kommentar: Hansgeorg Schmidt-Bergmann. SBB 21. 148 Seiten

Peter Weiss. Abschied von den Eltern. Kommentar: Axel Schmolke. SBB 77. 192 Seiten

NF 279c/7/9.10

Peter Weiss. Die Ermittlung. Kommentar: Marita Meyer. SBB 65. 304 Seiten.

Peter Weiss. Die Verfolgung und Ermordung Jean Paul Marats. Kommentar: Arnd Beise. SBB 49. 180 Seiten

Christa Wolf. Der geteilte Himmel. Kommentar: Sonja Hilzinger. SBB 87. 320 Seiten

Christa Wolf. Kein Ort. Nirgends. Kommentar: Sonja Hilzinger. SBB 75. 158 Seiten

NF 279c/8/9.10